G.-F. Poullain de Saint-Foix

ESSAIS HISTORIQUES SUR PARIS

NOUVELLE ÉDITION,
Revue, corrigée, & augmentée.

TOME PREMIER.

A LONDRES,

Et se trouvent à Paris,

Chez N. B. DUCHESNE, Libraire, rue S. Jacques,
au-dessous de la Fontaine S. Benoît,
au Temple du Goût.

M. DCC. LIX.

J'AI refondu mon ouvrage ; je l'ai augmenté de moitié ; les matieres y sont dans un nouvel ordre & plus en-semble qu'elles n'étoient. Il y a peu de faits intéressants dans notre Histoire dont je n'aye parlé, & j'ai traité à fond plusieurs points importans sur lesquels tous nos Historiens avoient trop légèrement passé.

PRÉFACE.

QUELQUES-UNS de mes lec-
teurs m'obligent de ré-
peter ici que mon objet en
compofant ces Effais, n'a pas
été de raporter uniquement des
anecdoctes fingulieres & des
faits curieux & interreffans,
mais de faire connoître, par
les faits, nos anciennes loix,
nos coutumes, nos mœurs, le
caractere & le genie de notre
nation. Après avoir peint les
François entr'eux & dans la
vie civile, j'ai cru que je de-
vois les faire voir à la guerre &
dans une guerre de plus de
trois cent ans contre un peuple

toujours notre ennemi & dont les Rois poſſedant une partie de la France à titre de vaſſaux, tenterent d'arracher le ſceptre à leurs * Souverains. J'ai cru en même-temps qu'on me ſçauroit gré de préſenter de ſuite, & ſous un même coup d'œil, des évenemens qui ont une intime liaiſon les uns avec les autres & dont le fil, dans l'hiſtoire générale, eſt ſans ceſſe interrompu par d'autres évenemens qui leur ſont abſolument étrangers.

Acta publica Anglia. * Les Rois d'Angleterre écrivoient à nos Rois, *illuſtri Domino noſtro, Regi Franciæ :* nos Rois leur répondoient, * *fideli noſtro & amico, Regi Anglia.*

* *Feal & amé.*

Parmi tant d'hommes utiles & d'un mérite diftingué que la révocation de l'Edit de Nantes obligea de fortir du Royaume, on citera toujours Larrey & Rapin de Toiras; l'un & l'autre ont écrit l'Hiftoire d'Angleterre; la premiere eft à préfent peu eftimée; celle de Rapin de Toiras a eu un grand fuccès & le mérite à bien des égards; mais on voit clairement que c'eft en partie le chagrin, l'aigreur & la haine qui lui ont mis, comme à Larrey, la plume à la main, & qu'il s'eft orgueilleufement flaté de faire repentir fa patrie de l'avoir contraint à s'exiler. Tous nos Rois, felon cet Hiftorien, ont été des Princes injuftes, toujours occupés des moyens de dépouiller leurs grands vaffaux de leurs poffeffions & ne fe faifant aucun fcrupule d'enfreindre les Traités les plus folemnels, dès qu'ils entrevoyoient quelqu'avantage à les violer. Ses reflexions fur le caractere de la nation en général ne font pas moins outrageantes & moins odieufes.

Depuis 1727 que fon ouvrage a paru & qu'on le lit dans toute l'Europe, il eft étonnant qu'en France perfonne n'ait penfé à lui répondre : *un peuple*, dit Plutarque, *doit s'intereffer à la gloire & à la réputation de fes ancêtres, non-feulement par un fentiment naturel,*

mais encore parce que les préju-
gés pour ou contre le caractere
d'une nation font de la plus
grande conféquence.

Dans l'hiftoire des guerres
que je traite, il y a quatre épo-
ques principales : la confifcation faite par Philippe Augufte
fur Jean *fans terre* en 1203 :
le Traité de S. Louis avec
Henri III en 1259 : les prétentions d'Edouard III à la couronne de France en 1339 & le
Traité de Bretigni en 1360.
Rapin de Toiras a fait des dif-
fertations ou de longues reflexions fur ces quatre points principaux ; je crois que j'y ai répondu d'une façon convainquante & qui ne laiffe aucuns
moyens à la réplique. Dans le

cours des autres évenemens; c'eſt preſque toujours par ſes garands même & par les Actes publics d'Angleterre, que je fais voir ſes fréquentes prévarications & la tournure infidelle de ſa narration.

On a dit dans un Journal, en parlant de la troiſiéme partie de ces eſſais, que je donnois *une face nouvelle à l'Hiſtoire*; l'expreſſion eſt équivoque; es-ce une louange? es-ce une critique? je me contenterai de répondre que lorſque je ſuis en contradiction avec nos Hiſtoriens & parconſequent avec ceux qui les ont copiés ſans reflexion & ſans examen, je dis mes raiſons; que c'eſt au Lecteur à juger ſi elles ſont bonnes; que nous avons aujourd'hui, furtout depuis la publication * des Actes d'Angleterre, des fecours & des éclairciffemens que ces Hiftoriens n'avoient pas, & qu'enfin quiconque n'aura pas lû & relu ces Actes avec beaucoup d'atention, ne pourra jamais donner qu'un tableau peu fidele de ce qui s'eft paffé fous les regnes de Philippe de Valois, du Roi Jean, de Charles V, de Charles VI & de Charles VII.

* En 1737.

Théâtre de M. de Saintfoix, augmenté de plusieurs Comédies qui n'avoient point été encore imprimées. Nouvelle édition revue & corrigée. 4 volumes, *sous presse.*

ESSAIS

HISTORIQUES

SUR

PARIS.

E commerce que les Pari-
siens faisoient par eau ,
étoit très - florissant ; leur
ville semble avoir eu de
temps immémorial un Navire pour
symbole ; Isis présidoit à la navigation ;
on l'adoroit même chez les Sueves
sous la figure d'un Vaisseau : voilà plus

Lactance.
Apulée.
Tacite. de
moribus
germ. c. 9.

Tome I.   A

de raisons qu'il n'en falloit à des Ety-
mologistes pour se persuader que *pari-
sii* venoit de παρὰ Ἴσιδος, *proche d'Isis* ;
les langues grecque & celtique ayant
été d'ailleurs originairement la même ,
& l'une & l'autre se servant des mêmes caracteres. Je ne prétends pas des-
fendre cette étymologie ; mais Moreau
de Mautour se (1) trompe , lorsqu'il
soutient que cette Déesse n'a point été
adorée dans les Gaules , même après
qu'elles furent soumises aux Romains.
Ses Prêtres avoient leur collége à Issi ,
& l'Eglise de S. Vincent , depuis S.
Germain des Prez , fut bâtie sur les
anciennes ruines de son (2) Temple.

Hist. de l'Acad. des Inscrip. T. 3. p. 295.

---

(1) L'Auteur de la Religion des Gaulois ,
Tom. II. pag 131 , le prouve par des monumens que cet Académicien n'auroit pas dû
ignorer.

Jacobus Magni. Abbon car- men. 3. l. 1.

* La ville de Melun s'étant consacrée au culte
d'Isis , changea son ancien nom (*Melodunum*)
en celui d'*Iseos* ou d'*Isia*.

* (2) *Ce Temple d'Isis si fameux* , dit Sauval ,

Perſonne n'ignore où étoit celui de * Mars. Mercure ou Pluton (car c'étoit le même chez les Gaulois) avoit le ſien ſur le * Mont *Leucotitius* , & l'on verra à l'article de la rue Coquilliere que Cybele attiroit auſſi la dévotion du côté où eſt à préſent S. Euſtache. Il falloit que ces endroits fuſſent alors bien deſerts & bien écartés , car les Gaulois ne bâtiſſoient des Temples que dans des bois , dans des lieux ſombres & capables d'inſpirer une cer-taine horreur ſacrée.

Céſar eſt le premier Auteur qui ait parlé des Pariſiens. Ils étoient un de ces ſoixante ou ſoixante - quatre peuples qui compoſoient la République des Gaules , & qui ne formoient qu'une

* Mont-martre.

* Les Car-melites de la rue S. Jacques.

---

qui donna le nom à tout le pays , étoit déſervi par un college de Prêtres qui demeuroient , comme l'on croit , à Iſſi dans un Château dont on voyoit encore les ruines au commencement de ce ſiecle.

A ij

même nation , quoiqu'indépendans les uns des autres. Chacun de ces peuples avoit ſes Loix particulieres, ſes Chefs , ſes Magiſtrats , & nommoit tous les ans des Députés pour les Aſſemblées générales qui ſe tenoient ordinairément dans le principal Collége des Druides au milieu d'une forêt du pays Chartrain. L'adminiſtration des affaires civiles & politiques avoit été confiée pendant aſſez long-temps à un Sénat de femmes choiſies par les différens Cantons. Elles délibéroient de la paix, de la guerre , & jugeoient les différends qui ſurvenoient entre les * Vergobrets, ou de ville à ville. Plutarque dit qu'un des articles du Traité d'Annibal avec les Gaulois portoit : *Si quelque Gaulois a ſujet de ſe plaindre d'un Carthaginois , il ſe pourvoira devant le Sénat de Carthage établi en Eſpagne : ſi quelque Carthaginois ſe trouve lezé par un Gaulois , l'affaire ſera jugée par le Conſeil ſuprême*

* Souverains Magiſtrats.

De Claris Mulierib.

des femmes Gauloises. Les Druides mécontens de quelques Arrêts de ce Tribunal , uferent avec tant de foupleffe & d'artifices du crédit que la Religion leur donnoit fur les efprits , qu'ils le firent abolir , & érigerent le leur dont la puiffance s'accrut bientôt au point que dans les Affemblées générales , ils devinrent abfolument les Maîtres des délibérations. On leur avoit laiffé les mêmes prééminences qu'aux femmes , ils en profiterent pour fe faire regarder comme le premier corps de l'Etat , & pour achever d'écrafer toute autre autorité fous le defpotifme de la fuperftition. On remarque que les Gaulois , fous le gouvernement des femmes , avoient pris Rome & firent toujours trembler l'Italie ; que fous celui des Prêtres , ils furent fubjugués par les Romains , & que Céfar dut fes conquêtes aux jaloufies & aux divifions qu'un Druide , le perfide Divitiac, femoit fans ceffe entre les villes principales. Les Parifiens combattirent pour leur liberté avec un courage qui tenoit du défefpoir. Craignant d'être forcés dans leur Ifle , ils en fortirent après y avoir mis le feu, & allerent au devant de l'ennemi qui les trompa par une fauffe marche. La bataille fe donna au-deffous de Meudon , & fut des plus fanglantes ; ils la perdirent , & le brave Camulogéne qu'ils avoient choifi pour les commander quoique dans * une extrême vieilleffe , y fut tué.

DebelloGallico. L. VII.

* *Prop! confeſtus ætate.*

Corrozet prétend que Cefar fit bâtir le grand & le petit Châtelet. Malingre & le Commiffaire de la Marre difent que Paris *qu'il fit entourer de murailles , & qu'il embellit de nouveaux édifices , fut appellé la ville de Cefar.* Ce paffage ne fe trouve point dans Boëce qu'ils citent l'un & l'autre, mais dans un livre attribué à Scot, &

qui ne fçauroit être d'aucune autorité.
Depuis Cefar jufqu'à Julien , il n'eft
prefque pas fait mention de la ville de
Paris dans l'hiftoire. Julien y fut pro-
clamé Augufte en 360. Valentinien I
& Gratien y firent auffi quelque féjour.
Clovis la déclara , en 510 , la Capitale
de fes conquêtes. Comme il habita *   * Hors de
le Palais des Termes , & qu'il paroît   la ville.
que tous les Rois de la premiere race
y ont demeuré , la plûpart des Auteurs
ne veulent pas qu'ils en euffent un dans
la Cité. On trouvera fur ce Palais une
differtation affez détaillée à l'article de
la rue de la Harpe ; je ne rapporterai
ici que ce paffage de Grégoire de
Tours : » Childebert envoya une per-
» fonne de confiance à * Clotaire pour   * Roi de
» l'engager à venir le trouver , afin de   Soiffons.
» réfoudre enfemble s'ils feroient mou-   *Greg. Tur.*
» rir leurs neveux , ou s'ils fe con-   *hift. lib. 3.*
» tenteroient feulement de les déclarer   *cap. 18.*

A iv

» (1) *Roturiers* en leur coupant les che-
» veux.... Clotaire ne tarda pas à se
» rendre à Paris.... Ils firent courir
» le bruit que le résultat de leur en-
» trevûe avoit été de faire procla-
» mer Rois, les fils de Clodomir , &
» envoyerent les demander à Clotilde
» (*qui demeuroit alors dans la* (2) *Ville*)
» pour les élever sur le Pavois. Cette

(1) *Incisa Cæsarie ut reliqua plebs habean-
tur.* Avoir eu les cheveux coupés , étoit une
marque de dégradation. Les Rois de la premiere race les portoient dans toute leur longueur ; la Noblesse un peu plus courts ; le peuple avoit la tête rase. Au commencement de
la troisiéme race , les longues chevelures dé-
plurent si fort aux Ecclésiastiques qu'ils ex-
communioient ceux qui laissoient croître leurs
cheveux. Louis le Jeune fit couper les siens
par le scrupule que lui en fit Pierre Lombard ,
Evêque de Paris ; trait digne d'un Prince qui
répudia Eleonor d'Aquitaine. *Thiers. Le Gendre.*

Un borgne ne pouvoit pas être Empereur.
On fit créver un œil à Varronien , fils de Jo-
vien , pour qu'il ne pût pas aspirer à l'Empire.
Tillemont.

(2) *Qua tunc in ipsa urbe morabatur.* Il y
avoit donc dans la Cité un Palais où elle demeuroit & faisoit élever les petits Princes.

„ bonne Reine tranfportée de joie,
„ fit venir les petits * Princes dans fon
„ appartement, & après avoir eu l'at-
„ tention de les faire manger, Allez,
„ mes enfans, leur dit-elle en les em-
„ braffant, allez trouver vos oncles ; fi
„ je puis vous voir fur le Thrône de
„ votre pere, j'oublierai que j'ai perdu
„ ce cher fils.... Clotaire après les
„ avoir poignardé de fa propre main,
„ monta tranquillement à cheval pour
„ retourner à Soiffons ; Childebert fe
„ retira dans le * Fauxbourg. «

 Vers la fin de la feconde race, Paris
toujours enfermé entre les deux bras
de la riviere, n'étoit pas plus étendu
que du temps de Cefar : la Cathédrale au levant, le grand & le petit
Châtelet au Nord & au midi, & le Palais du Roi ou des Comtes au cou-
chant, faifoient les quatre extrémités
de fon enceinte. *Lutece , dit Cefar,
fituée dans une Ifle de la Seine , eft la*

* Le plus âgé n'avoit que dix ans.

* *In Subur-
bana cui ief-
f. r.*

ville des Parisiens. Je passai l'hiver, dit
Julien qui regnoit quatre cent ans après
ce conquérant des Gaules , *dans ma
chere Lutece ; elle occupe une petite Isle
dans la Seine ; on y entre par deux ponts.*
Paris, dit Abbon qui vivoit neuf cent
ans après Cesar , *tient à la terre ferme
par deux ponts... A la tête de chacun*
de ces ponts il y a un Château * en dehors de la Ville.

Pour peu qu'on veuille joindre à ces
autorités quelque réflexions sur la dé-
vastation des Gaules par les Barbares ;
sur les guerres sanglantes que continua
Clovis pour former son établissement ;
sur le partage de ses conquêtes après
sa mort en quatre Royaumes qui rendirent Orléans & Soissons des Capita-
les ; sur l'anéantissement du Commerce , & sur le mépris qu'avoient les
François pour ceux qui demeuroient
dans les villes & pour toute autre profession que celle des armes , on se

perfuadera aifément que Paris fous la premiere race ne dut pas s'agrandir : fous la feconde , on le voit prefque abandonné ; Pepin , Charlemagne , Louis le débonnaire, Charles le chauve & Louis le bégue n'y demeurerent qu'en paffant.

L'Empereur Julien paroît fe rappeller avec plaifir le féjour qu'il avoit fait dans *fa chere Lutece* ; il s'étend en détails fur fon climat , fon terroir, fes vignes , & fur la maniere dont fes habitans élevoient des figuiers : eft-il vrai femblable qu'après avoir dit qu'elle n'occupoit qu'une petite Ifle , il n'eût pas ajoûté que fes Fauxbourgs étoient confidérables , fi en effet ils l'avoient été ? Loin d'en parler, la façon dont il s'exprime défigne au contraire qu'elle n'en avoit point ; *comme les Parifiens , dit-il , habitent une Ifle, ils ne peuvent pas avoir d'autre eau que celle de la Seine.* La re-

Julian. imper. Mifo-pog.

A vj

marque que je fais fur ces mots , & qui par hazard a échappé à tous les Diſſertateurs , me paroît d'autant plus décifive , que le Commiſſaire de la Marre qui d'ailleurs a traduit le paſ-fage en entier , femble avoir affecté de les oublier parce qu'ils ne s'accor-doient pas avec fes idées. Son Traité de la Police eſt un des bons ouvrages que nous ayons dans notre langue , mais il faut être en garde quand il s'é-loigne de fon objet. Une enceinte de murailles dont il eſt parlé dans une Charte du tems des deux derniers Rois de la feconde race , lui fait placer vis-à-vis de la Cité , fur le bord de la Seine au Nord , une petite Ville *qu'il préfume avoir été bâtie par les Ro-mains.* * Après avoir marqué que cette enceinte commençoit près de Saint Gervais , & que formant un demi-cercle derriere la Greve & du côté de Saint Merri , elle alloit aboutir au

Traité de la Police, p. 87. T. I.

* Voyez fon fecond plan.

bord de la riviere au-delà du grand Châtelet : *Gregoire de Tours, ajoute-t-il, rapporte très-exactement tous les bâtimens confidérables & les fondations qui furent faites par nos Rois ; les incendies, les inondations & tous les autres événemens qui avoient été capables de faire changer de face à cette Capitale depuis le commencement de la Monarchie ; auroit-il oublié de parler de fon accroiffement & de fa nouvelle clôture ? Il n'y a pas d'aparence. Fredegaire, Aimoin, Sigebert & plufieurs autres Hiftoriens l'ont fuivi de près fous la premiere & la feconde race ; ils l'ont imité dans fon exactitude pour tout ce qui concerne Paris ; tous font demeurés fur le fait de cette clôture dans le même filence : cela donne fans doute beaucoup de penchant à croire que c'eft encore un ouvrage des Romains.* Il me femble que l'on doit plûtôt conclure de ce filence de tous les Hiftoriens, que cette muraille ne fut commencée que vers la fin du neuviéme siécle ; le récit que je vais extraire du premier Livre du Poëme d'Abbon (1) ne permet pas d'en douter : » Sigefroy furieux de ne pouvoir obte- » nir le paffage par la Ville, vint bruf- » quement (2) attaquer la groffe Tour

* Le grand Châtelet.

» du grand * Pont. Eudes Comte de » Paris, Robert fon frere, les Com- » tes Raguenaire & Sibange, l'Evê- » que Goflin, & Eble Abbé de S. » Germain la défendirent jufqu'à la » nuit avec tant de valeur que les » Normans, malgré les bréches con- » fidérab'es qu'ils y avoient faites, fu- » rent obligés de fe retirer avec perte » de quatre à cinq cent hommes . . . « Le lendemain ils revinrent avec la

______

(1) Il étoit dans Paris pendant le fiege par Sigefroi, en 886.

* (2) *Nempe ruunt omnes ratibus, turri pro-*
perantes
Quam feriunt fundis acriter, complentque fa-
gittis.

» même fureur … l'attaque dura juf-
» qu'au foir … fe voyant toujours re-
» pouffés, ils prirent le parti de faire
» des foffés & de fortifier un camp avec
» des pierres & de la terre, dans le
» Bourg (1) de Saint Germain de l'Au-
» xerrois ».

Ce récit prouve que la muraille, ou l'enceinte en queftion, n'exiftoit pas encore en 886 : Abbon en auroit parlé : Sigefroy auroit été obligé d'y donner d'abord l'affaut & de s'en rendre maître, au lieu qu'on voit qu'il arriva tout de fuite & fans obftacle au bord du foffé de la Tour du grand Châtelet. Voici mes conjectures fur cette muraille : D. Felibien, & tous ceux qui fe font particulierement ap-

____

(1) Ce quartier étoit encore appellé *Bourg* fous le regne de Philippe Augufte, 300 ans après ce fiege, & le fçavant Ménage veut bien nous apprendre à ce fujet que le *Bourg* eft toujours féparé de la Ville, au lieu que le *Faux-bourg* y tient.

pliqués à notre hiſtoire , prétendent que le terrain où eſt à préſent la * *Ville*, étoit couvert d'une forêt : cette Tour octogone qui ſubſiſte encore au coin du Cimetiere des Innocens , ſervoit, dit-on, pour faire ſentinelle dans cette forêt contre les bandes de voleurs , & contre les Normands qui pouvoient s'y embuſquer par troupes détachées, venir fondre dans le marché de la place de Greve , piller le port & emmener des eſclaves : je crois que l'on fit cette muraille contre les incurſions ſubites , & que les Juifs qui reparoiſſent en France à peu-près dans ces tems-là , obtinrent la permiſſion de bâtir dans cette enceinte des maiſons qui formerent ces vilaines rues S. Bon , de la Tacherie , du Pet-au-diable & autres adjacentes ; il eſt certain qu'ils y avoient une ſynagogue & des écoles au commencement de la troiſiéme race. Ce ne fut que ſous le regne de Louis le jeune que l'on commença de bâtir

dans * Champeaux & aux environs de
Ste Oportune qu'on appelloit auparavant *l'hermitage de Notre-Dame des Bois,*
parce qu'il étoit à l'entrée de la forêt.

    * Quartier des Halles.

   Entre les boulevards & la riviere,
depuis le terrain où est à présent l'Ar-
cenal jusqu'au bout des Thuilleries, re-
présentons-nous donc les restes d'un
Bois marécageux ; de petits champs,
des (1) *cultures*, des hayes, des fossés,
& quatre ou cinq Bourgs plus ou
moins (2) éloignés les uns des autres ;

---

  (1) Les rues Culture Sainte Catherine &
Culture Saint Gervais (on prononçoit Coul-
tures) s'appellent ainsi de ce mot qui signifioit
des endroits propres à être cultivés.

  (2) Le Bourg Thiboust, les Bourgs l'Abbé
& Beau-bourg, & l'ancien & le nouveau Bourg
de Saint Germain de l'Auxerrois ; ils furent en
partie renfermés dans l'enceinte que fit faire
Philippe Auguste, & qui fut achevée en 1211.
Les rues de ces Bourgs en ont toujours conservé les noms. Le Commissaire de la Marre
convient qu'ils étoient séparés de Paris & de
ses Fauxbourgs par des prez, des marais, &
des terres labourées ; on peut juger par-là du
peu d'étendue des Fauxbourgs.

quelques rues bien boueuses autour du grand Châtelet & de la Greve ; un grand * Pont pour arriver dans une petite * Isle qui n'étoit habitée que par des Prêtres, quelques marchands, & des ouvriers ; un autre * Pont pour en sortir du côté du midi, & au-delà de ce Pont & du petit Châtelet, trois ou quatre cent maisons éparses çà & là sur le bord de la riviere & dans les vignes qui couvroient les environs de la montagne de Ste. Genevieve : tel étoit Paris sous nos premiers Rois de la troisiéme race, & je crois que si l'on veut réfléchir sur les mœurs de ces tems-là, & sur les causes de ses accroissemens dans la suite, on conviendra qu'il ne devoit pas être plus grand ni plus considérable. Tous ces différens Tribunaux que nous voyons aujourd'hui, & dont les dépendances sont si nombreuses, n'existoient point encore ; le Roi, le Comte ou le Vi-

* Le Pont au Change.
* La Cité.
* Le petit Pont.

comte écoutoient les parties , jugeoient sommairement , ou bien ordonnoient le combat, (1) si le cas étoit trop embarassant. Il n'y avoit point aussi de Colléges ; l'Evêque & les Chanoines entretenoient quelques écoles auprès de la Cathédrale pour ceux qui se destinoient à la Cléricature. Les nobles se piquoient d'ignorance & souvent ne sçavoient pas signer leur nom ; ils vivoient sur leurs terres , & s'ils étoient obligés de passer trois ou quatre jours dans la Ville, ils affectoient de paroître toujours bottés pour qu'on ne les prit pas pour des *vilains.* Dix hommes

(1) Si deux voisins sont en dispute pour les bornes de leurs possessions , qu'on leve un morceau de gazon dans l'endroit contesté ; que le Juge le porte dans le * malle , & que les deux Parties en le touchant de la pointe de leurs épées , prennent Dieu à témoin de la justice de leurs prétentions ; quelles combattent après , & que la victoire décide du bon droit. *Capit. de Dagobert.* Baluze.

* L'audi-
toire.

suffisoient pour la perception des impôts ; il n’y avoit que deux portes, &
sous Louis le Gros, les droits de la
porte du Nord ne rapportoient que
douze (1) francs par an. Les arts les

* (1) La livre *numeraire* de France doit son
institution à Charlemagne : ce fut lui qui
dans une livre d’argent, fit tailler 20 piéces
qu’on nomma sols, & dans un de ces sols 12
piéces qu’on nomma deniers ; ensorte que la
livre d’alors , comme celle d’aujourd’hui ,
étoit composée de 240 deniers. Les sols & les
deniers ont été d’argent fin jusqu’au regne de
Philippe I pere de Louis le gros ; on y mêla
un tiers de cuivre en 1103 ; moitié dix ans
après ; les deux tiers sous Philippe le bel, &
les trois quarts sous Philippe de Valois. Cet
affoiblissement a été porté au point que 20 sols
qui avant le regne de Philippe I, faisoient
une livre réelle d’argent, n’en renferment pas
aujourd’hui le tiers d’une once. On prétend
que Charlemagne étoit aussi riche avec un
million que Louis XV avec soixante six.
Vingt-quatre livres de pain blanc coutoient
un denier sous le regne de Charlemagne ; ce
denier étoit d’argent fin & sans alliage ; on
peut voir par la valeur qu’il auroit dans ce
temps-ci , si le pain & les autres denrées
étoient plus ou moins cheres alors qu’apré-

plus néceſſaires ne ſe préſentoient pas même à l'imagination, & l'on peut juger des divertiſſemens & des ſpectacles par la groſſiéreté des mœurs ; enfin rien dans Paris ne pouvoit engager l'étranger à y venir, l'homme induſtrieux à s'y établir, & les gens riches & oiſifs à y demeurer. Philippe Auguſte aima les (1) lettres, accueillit & protegea les ſçavans ; les écoles de Paris devinrent célébres ; on y accourut des Provinces & des pays étrangers ; le quartier appellé depuis de l'*Univerſité*, ſe peupla, & dans le treiziéme & quatorziéme ſiécle fut couvert de Colléges & de Couvents. Philippe le Bel rendit le Parlement ſédentaire ; il def-

---

fent. Douze livres du temps de Louis le gros, feroient, je crois, environ douze fois trente quatre livres de ce temps-ci.

(1) Elles parurent renaître ſous le regne de Charlemagne ; les ravages des Normans les firent retomber dans l'oubli juſqu'au regne de Louis le jeune pere de Philippe Auguſte.

fendit auſſi le duel en matiere civile,
& l'on put plaider ſans être obligé de
ſe battre. Je ne ſçais ſi l'on entreprit
plus hardiment des procès, mais il eſt
certain que la chicanne qui s'introduiſit
en même tems en France par notre
commerce avec la Cour de Rome ſous
Clément V, pullula merveilleuſement,
& que tout ce qui eſt de ſa dépen-
dance, groſſit en moins d'un demi-
ſiecle le nombre des habitans de Paris
au moins d'un trentiéme. La Reine
Anne de Bretagne, grande & Majeſ-
tueuſe en tout, voulut avoir une Cour ;
les femmes qui juſqu'alors naiſſoient
dans un château, pour aller ſe marier
& mourir dans un autre, vinrent à
Paris, n'en voulurent plus ſortir, &
les hommes les ſuivirent. Les guerres
de religion, ſous Charles IX &
Henri III, rendirent l'or & l'argent
un peu plus commun par les profana-
tions des Calviniſtes qui pilloient les

Eglifes & convertiffoient en efpéces les vafes facrés, les chaffes & les ftatües des Saints. Les millions que la Cour d'Efpagne prodigua dans Paris pour foutenir la Ligue, avoient auffi répandu l'aifance parmi un affez grand nombre de bourgeois, & l'on remarque que les rues Dauphine, Chriftine, & d'Anjou (1) que Henri IV fit ouvrir fur une partie du jardin des grands Auguftins, & fur les ruines de l'hôtel des Abbés de S. Denis, furent bâties en moins d'un an. C'eft le premier de nos Rois qui ait embelli Paris de places régulieres & décorées des ornemens de l'architecture : après avoir fait achever le Pont neuf commencé fous Henri III & dont le travail avoit été interrompu pendant les guerres civiles, il fit bâtir la place Royale fur

____

(1) Ainfi nommées du Dauphin, du Duc d'Anjou, & de Madame Chriftine leur fœur.

l'emplacement de l'Hôtel des Tournelles, & la place Dauphine fur deux
petites ifles qu'on joignit enfemble &
à celle du Palais dont elles avoient été
jufqu'alors féparées par un canal de la
riviere à l'endroit où eft à préfent la
rue de Harlay. Sous la fin du miniftere
du Cardinal de Richelieu, il n'y eut
plus qu'un Maître, & l'on vit les
petits tyrans des Provinces qui s'é-
toient cantonnés fi long-tems dans leurs
Châteaux contre l'autorité Royale,
venir briguer à la Cour le plus chetif
logement, avec toute la baffeffe du
courtifan, & faire bâtir en même tems
à la Ville avec tout le fafte de l'homme fuperbe. Enfin Louis XIV regna,
& bientôt Paris n'eût plus d'enceinte ;
fes portes furent changées en arcs de
triomphe, & fes foffés comblés &
plantés d'arbres, devinrent des pro-
menades. Quand on confidére ce Monarque, le bruit qu'il fit dans l'Univers,

vers, quarante ans de victoires, fa grandeur, fa magnificence, fa dignité dans les plaifirs, les reffources qu'il fçavoit tirer de fes dépenfes même, fon goût pour les Arts qu'augmentoit encore fon avidité pour la gloire : quand on penfe que fes divertiffemens pendant la paix n'étoient pas feulement pour fa Cour, pour fa Capitale, pour fes peuples, mais des fêtes qu'il don-noit à l'Europe, il femble que Paris auroit dû s'embellir encore plus fous fon regne.

Enceinte de Paris commencée en 1190 *fous le regne de Philippe Augufte,* & *achevée en* 1211.

On voudra bien faire attention que je fuis obligé de me fervir du nom de Rues, de Couvens & de Maifons qui n'exiftoient pas, & que fous S. Louis, petit fils de Philippe Augufte,

Tone I. B

un tiers au moins du terrain qui fut renfermé dans cette enceinte , étoit encore vague , ou en marais & cultures. Du côté de la riviere au Nord , elle passoit près du * Louvre , le laissoit en dehors , traversoit les rues Saint Honoré & des deux Ecus , l'emplacement de l'Hôtel de Soissons, les rues Coquilliere , Montmartre , Montorgueil , le terrein où est à présent la Comédie Italienne , les rues Françoise, S. Denis, Bourgl'abbé , S. Martin : continuoit le long de la rue Grenier S. Lazare , traversoit la rue Beaubourg , la rue S. Avoye à l'endroit où est l'Hôtel de Mesmes , & passant sur le terrein où sont les Blancs-manteaux , & ensuite entre les rues des Francs-Bourgeois & des Rosiers, alloit aboutir au bord de la riviere à travers les bâtimens de la Maison Professe des Jésuites & le Couvent de l'*Ave-Maria*, où l'on voit encore des

* Il étoit moins étendu de moitié qu'aujourd'hui.

reftes de ces murailles. Elles avoient huit principales portes ; la premiere près du Louvre au bord de la riviere ; la feconde à l'endroit où font à préfent les Prêtres de l'Oratoire ; la troifiéme vis-à-vis de S. Euftache entre la rue Platriere & la rue du Jour ; la quatriéme rue S. Denis, appellée la porte aux Peintres, à l'endroit où eft un cul-de-fac qui en a retenu le nom ; la cinquiéme rue S. Martin, au coin de la rue Grenier S. Lazare ; la fixiéme appellée la porte * Barbette, entre le Couvent des Blancs - manteaux, & la rue des Francs-Bourgeois ; la feptiéme près de la Maifon Profeffe des Jéfuites ; & la huitiéme au bord de la riviere, entre le Port S. Paul, & le Pont-Marie.

* Du nom d'une famille de Paris.

Du côté de la riviere au Midi, l'autre moitié de cette enceinte qui commençoit à la Porte Saint Bernard, eft tracée par les rues des foffés Saint Bernard , des fossés Saint Victor , des fossés Saint Michel ou rue Ste. Hyacinthe , des fossés M. le Prince , des fossés Saint Germain , ou rue de la Comédie Françoise , & des fossés de Nesle , à présent rue Mazarine. Il y avoit sept Portes dans ce circuit ; la porte S. Bernard ou de la Tournelle ; les portes * S. Victor , S. Marcel & S. Jacques ; la porte Gibard, d'Enfer ou de S. Michel au haut de la rue de la Harpe , à l'endroit où est la fontaine ; la porte S. Germain ou (1) de Buci au haut de la rue S. André des Arcs , vis-à-vis de la rue Contrescarpe , & la porte de Nesle où est à présent le Collége des quatre Nations. Il y eut encore une porte dans la rue des Cordeliers où commence la rue du Paon ; & lorsque la rue Dauphine fût bâtie,

* Abbatues en 1684.

____

(1) Ainsi nommée de Simon de Buci , le premier qui ait porté le titre de premier Président ; mort en 1369.

on y en fit une * vis-à-vis de l'autre bout de la rue Contrefcarpe, & qu'on appella la porte Dauphine.

* Abba-
tues l'une &
l'autre en
1672.

On ne commença de paver les rues de Paris qu'en 1184, fous le regne de Philippe Augufte. Un Financier (Gerard de Poiffi) mérita que l'Hiftoire tranf-mît fon nom à la pofterité ; il voulut genereufement contribuer à cette dépenfe, & donna onze mille marcs d'argent. Le marc d'argent, fous Philippe Augufte, étoit de trois cent deniers ; il eft aujourd'hui d'onze mille neuf cent cinquante-deux deniers.

Enceinte commencée fous Charles V
en 1367, & achevée fous
Charles VI en 1383.

Du côté du Midi, Charles V ne changea rien à l'enceinte de Philippe Augufte ; il fit feulement creufer des foffés autour des murailles ; elles étoient flanquées de tours de diſtance en diſtance , & ne furent abbatues qu'en 1646. J'ai dit que du côté du Nord , elles aboutiſſoient entre le Port S. Paul & le Pont-Marie , vis-à-vis de la rue de l'Etoile ; il les fit reculer juſqu'à l'endroit où eſt l'Arſenal, & les Portes S. Antoine , S. Martin & S. Denis, furent placées où nous les voyons. Depuis la Porte S. Denis , ces murs continuoient le long de la rue de Bourbon , traverſoient les rues du petit Carreau & Montmartre , la Place des Victoires , l'Hôtel de Touloufe , le Jardin du Palais Royal , la rue S. Honoré près des Quinze-vingts , & alloient finir au bord de la riviere , au bout de la rue S. Nicaiſe. Aux quatre extrémités de cette enceinte , comme à celle de Philippe - Auguſte , il y avoit quatre groſſes tours ; la tour *du Bois* près du Louvre ; la tour *de Neſle* où eſt le College des Quatre Nations ; la tour *de la Tournelle* dont une partie subsiste encore près de la Porte S. Bernard ; & la tour *de Billi* près des Célestins. Elles défendoient des deux côtés de la riviere, l'entrée & la sortie de Paris, par de grosses chaînes attachées d'une tour à l'autre, & qui traversoient la Seine, portées sur des bateaux placés de distance en distance. L'approche de *l'Isle S. Louis* étoit défendue par un Fort ; on ne commença qu'en 1614 à y bâtir des maisons, & à la joindre à une autre Isle appellée *la petite Isle aux Vaches*, dont elle avoit été jusqu'a-lors séparée par un canal de la riviere à l'endroit où est aujourd'hui l'Eglise S. Louis. Les Ponts * Marie & de la Tournelle ne furent achevés qu'en 1635.

* On l'a-pelle aussi *l'Isle Notre-Dame.*

* Ainsi nommé de Marie l'En-trepreneur.

Les rues des petits-Champs & des Bonsenfans aboutissoient encore, en 1630, aux murailles de la Ville, qui passoient, comme je l'ai marqué , fur le terrein où eft à préfent la Place des Victoires : ce quartier étoit même fi retiré qn'on y voloit en plein jour , & qu'on l'appelloit le quartier *vuide gouffet*. Les bâtimens du Palais Royal que le Cardinal de Richelieu fit commencer en 1629 , occafionnerent une nouvelle enceinte ; la Porte S. Honoré qui étoit où font à préfent les Boucheries & le Marché des Quinze-vingts , fut reculée , en 1631 , jufqu'à l'endroit où nous l'avons vûe ; & depuis cette porte jufqu'à la porte S. Denis, les nouveaux remparts qu'on fit élever , & que Louis XIV fit (1) abattre , formoient le circuit que nous trace le Boulevard. Ce nouveau côté de la Ville fut bien-tôt couvert des rues de Cleri , du Mail, Saint Auguftin, Sainte Anne, des rues Neuves

---

(1) Il penfa que la Capitale d'un grand Roi & d'un grand Royaume , n'en doit point avoir.

S. Euſtache & des petits Champs , &
autres adjacentes ; il y avoit cependant encore des * Moulins ſur la butte
S. Roch en 1670.

Voilà une idée des differens accroiſ-
ſemens de Paris ; je vais à préſent par-
courir cette Capitale ; je dis parcou-
rir , car mon deſſein en compoſant *ces
Eſſais* , n'a pas été d'en donner une deſ-
cription générale , ſuivie & détaillée ;
je ne parlerai que des quartiers &
des rues où il s'eſt paſſé quelque fait
ſingulier , intereſſant & propre à faire
connoître quelles ont été , en differens
temps , les mœurs & coutumes de la
nation.

* La rue
des Mou-
lins en a
retenu le
nom.

RUE S. ANDRÉ DES * ARCS.

Pendant les guerres civiles ſous le
regne de Charles VI , la nuit du 28 au
29 Mai 1418 , Perrinet le Clerc fils

* Ainſi
nommée ,
parcequ'on
y vendoit
des arcs &
des fleches.

d'un Quartenier de la Ville , prit sous le chevet du lit de son pere , les clefs de la porte de Buci , & l'ouvrit aux troupes du Duc de Bourgogne. Ces troupes auxquelles se joignit la plus vile populace , pillerent , tuerent ou emprisonnerent tous ceux qui étoient opposés à la faction de ce Prince , & qu'on appelloit *Armagnacs.* Le 12 de Juin le carnage recommença avec encore plus de fureur; la populace courut aux Prisons , se les fit ouvrir; les plus notables Bourgeois , deux Archevêques , six Evêques , plusieurs Présidens , Conseillers , & Maîtres des Requêtes furent assommés , ou précipités du haut des tours de la Conciergerie & du grand Châtelet ; on les recevoit en bas sur la pointe des piques & des épées ; les environs du Palais regorgeoient de sang ; les corps du Connétable Bernard d'Armagnac , & du Chancelier Henri de Marle , après avoir été traînés dans les rues, furent jettés à la voirie. Les Bouchers érigerent enfuite à Perrinet le Clerc, à la Place S. Michel, une ftatue dont le tronc fubfifte encore, & fert de borne à la maifon qui fait le coin de la rue S. André des Arcs & de la rue de la vieille Bouclerie.

Malgré la tradition & le fentiment de la plûpart des Hiftoriens, Moreau de Mautour prétend que cette borne avec une tête d'homme, n'eft que le pur effet du caprice d'un ouvrier, & qu'il n'y a jamais eu de Statue de Perrinet le Clerc ; il en paroît fi perfuadé qu'il a négligé d'appuyer fon opinion fur des preuves & de bonnes raifons. Germain Brice, qui d'ailleurs rapporte très-mal le trait hiftorique, dit *que l'on trouva il y a quelques années dans la cave d'une maifon voifine, des fragmens de cette Statue.* Il y a toute apparence qu'on la mutila dès que Charles VII

Hift. de l'Acad. des Infcrip. T. 3.

fut le Maître de Paris , & que par déri-
fion on l'a mit à fervir de borne. Il
eft aifé de voir combien elle eft diffé-
rente des autres bornes par fa longueur
& fa groffeur.

RUE S. ANTOINE.

Les lices que fit faire Henri II
pour le Tournoi où il fut bleffé ,
alloient depuis le Palais des *Tournelles*
jufqu'à la Baftille. Après fa mort ,
Catherine de Médicis regarda ce Palais comme funefte , n'y voulut plus
demeurer , & engagea même Charles
IX à le faire abbattre. Il ne fut cependant entiérement démoli , que fous le
regne de Henri IV qui fit commencer
la Place Royale fur fon emplacement.
Ce n'avoit été d'abord qu'un fimple
Hôtel appartenant en 1390 au Chancelier d'Orgemont. Léon de Lufignan
Roi d'Armenie y demeuroit & y

mourut en 1393. Le Duc de Betfort Régent pendant la minorité de Henri VI prétendu Roi de France, s'y logea vers 1422, l'agrandit, & l'embellit au point que Charles VII & ſes Succeſſeurs en préférerent le ſéjour à celui de l'Hôtel S. Paul qui étoit vis-à-vis. Son enceinte * avec le parc & les jardins, s'étendoit depuis la rue des Egouts juſqu'à la porte Saint Antoine, & renfermoit tout ce terrein, où l'on a bâti depuis les rues des Tournelles, Jean Beauſire, des Minimes, du Foin, Saint Gilles, Saint Pierre, des douze Portes, & le commencement de la rue Saint Louis, juſqu'à la rue Saint Anaſtaſe.

C'eſt à l'entrée de la rue des Tournelles où aboutiſſoit alors un des côtés du Parc, vis-à-vis de la Baſtille, que Quelus, Maugiron & Livarot, ſe battirent en duel à cinq heures du matin, le 27 Avril 1578, contre d'Entragues, Riberac & Schomberg. Maugiron & Schomberg qui n'avoient que dix-huit ans, furent tués roides ; Riberac mourut le lendemain ; Livarot d'un coup fur la tête, refta fix femaines au lit ; d'Entragues ne fut que légérement bleffé ; Quelus de dix-neuf coups qu'il avoit reçus, languit trente-trois jours, & mourut entre les bras du Roi, le 29 Mai, à l'Hôtel de Boiffi, dans une chambre qu'on peut dire avoir été fanctifiée depuis, fervant à préfent de Chœur aux filles de la Vifitation de Sainte Marie.

Quelus, dit Brantome, *fe plaignoit* *Mémoires* *fort de ce que d'Entragues avoit la* *fur les Du-* *dague plus que lui qui n'avoit que la* *els, p. 94.* *feule épée ; auffi en tachant de parer &* *de détourner les coups que d'Entragues* *lui portoit, il avoit la main toute décou-* *pée de playes ; & lorfqu'ils commencerent* *à fe battre, Quelus lui dit, tu as une* *dague, & moi je n'en ai point ; à quoi* répliqua d'Entragu s, *tu as donc fait une grande fotife de l'avoir oubliée au logis; ici fommes-nous pas pour nous battre, & non pour pointiller des armes ?* Il y en a aucuns qui dirent que c'étoit quelqu'efpece de fupercherie d'avoir eu l'avantage de la dague, fi l'on étoit convenu de n'en point porter, mais la feule épée. Il y a à difputer là deffus ; d'Entragues difoit qu'il n'en avoit pas été parlé ; d'autres difent que par gentilleffe Chevalerefque, il devoit quitter la dague : c'eft à fçavoir s'il le devoit. Cela ne feroit pas douteux aujourd'hui, & cela n'auroit jamais dû l'être.

Quand on apprit à Paris la mort des Guifes tués à Blois, le 27 Décembre 1588, par l'ordte de Henri III, le peuple que les prédications des Moines avoient rendu furieux, courut à Saint Paul & détruifit les tombeaux que ce Prince avoit fait élever à Quelus, à Maugiron & à Saint Mégrin,

diſant *qu'il n'appartenoit pas à ces mé-
chans, morts en reniant Dieu, & mignons
du Tyran, d'avoir ſi beaux Monumens
dans l'Egliſe.* On voyoit ſur ces tombeaux qui étoient de marbre noir, &
chargés d'Epitaphes aux quatre faces,
les Statues très-reſſemblantes de ces
trois Favoris. Voici quelques-unes de
ces Epitaphes que j'ai copiées d'un
Livre imprimé en 1587.

*Jacobi de Levi Clariſſ. familiæ & ſummæ
virtutis adol.*

EPITA.

Quid marmor, · aras & artes ſuſpicis ? Dignus
      fuit hoc honore,
Quæſleus, ingenio præſtans, moribus facilis,
      aſpectu,
Gratus : cui artes erant, virtutem colere,
      Deo, Patriæ,
  Et Principi ſervire : non injuriam, ſed
      mortem patienter
Tulit : grati animi eſt hoc monumentum.
   Obiit 4. Kal. Junii anno 1578. æta. 24.

Pauli de Cauſſade. Comi. Samegrini.

EPITA.

Nil virtus , nil genus , nil opes , nil vires
  poſſunt.
 His omnibus , & favore pollens jacet : vic-
  tus fraude ,
(1) Et multorum viribus : incautum vis
  obruit , quem
Nec publicus inimicus domuit , nec privatus
  terruit.
Abi viator : tace , & pro mortuo ora.
Obiit 11 Kal. Augu. anno. 1578. æta. ſuæ 24.

Franc. Maugeronis Clariſſ. & generoſſ.
   adol.

EPITA.

Maugeronis in hoc ſunt oſſa repoſta Sepulcro ;
 Cui virtus annos contigit ante ſuos ;

---

(1) *Saint Maigrin ,* dit l'Etoile, *paſſoit pour
être le mignon de la Ducheſſe de Guiſe.* Le Duc
de Mayenne , beau-frere de cette Princeſſe , à
la tête de vingt ou trente hommes , le fit aſ-
faſſiner dans la rue S. Honoré , à onze heures
du ſoir le 21 Juillet 1578.

Octo namque decem natus, non pluribus annis,
   Alter erat Cocles, Hannibal alter erat.
Teftis erit tantæ juvenili Ifforia capta
   Virtuti, teftis perditus huic oculus.
Obiit anno 1578. quinta Kal. Maii. æta. 18.

EPITAPHE.

La Déeffe Cyprine avoit concû des Cieux,
En ce fiécle dernier, un enfant dont la vue
De flammes & d'éclairs étoit fi bien pourvue,
Qu'Amour fon fils aîné en devint envieux.

Chagrin contre fon frere, & jaloux de fes yeux,
Le gauche lui creva *, mais fa main fut decuë,
Car l'autre qui étoit d'une lumiére aiguë
Bleffoit plus que devant les hommes & les Dieux.

Il vient en foupirant s'en complaindre à fa
   mere ;
Sa mere s'en mocqua ; lui tout plein de
   colere
La Parque fuplia de lui donner confort.

La Parque comme amour en devint amou-
   reufe ;
Ainfi Maugiron gift fous cette tombe om-
   breufe,
Et vaincu par l'Amour & vaincu par la mort.

** A l'âge de 16 ans, il avoit perdu un œil d'une bleffure au fiége d'Iffoire.*

Si l'on eſt ſurpris de rencontrer les Parques, l'Amour & Venus dans une Egliſe , on ne l'eſt gueres moins en liſant que ces Meſſieurs furent honorés (1) d'oraiſons funebres prononcées en grand appareil par un Prélat, Arnaud de Sorbin , Evêque de Nevers. Je finis cet article par un trait qui marque bien la futeur des duels de ce tems-là : Quelus & Buſſi , ayant eu querelle enſemble , ſe donnerent rendez-vous pour ſe battre, & leurs peres devoient leur ſervir de ſeconds ; le Roi les accommoda & empêcha ce combat.

RUE DE L'ARBRE SEC *.

En 1505 , il y eut dans cette rue une eſpece de ſedition à l'occaſion d'une marchande que le Curé ne vouloit pas enterrer qu'on ne lui eût mon-

* Ainſi nommée d'une vieille enſeigne, *l'Arbreſec.*

____

(1) Imprimées chez Chaudieres , rue S. Jacques , à l'image de l'homme ſauvage.

Lauriere gloss. Fran. au mot E-xecuteur Testam.

Presid. Li-zet. Du-moulin.

Fievret. Traité de l'Abus. p. 371. T. I.

Arrêts du 1 *Mars* 1401 *&* 19 *Mars* 1409.

tré, ou à l'Evêque, le testament qu'elle avoit fait. Les Evêques prétendoient être en droit de se faire représenter les testamens ; ils défendoient de donner la sépulture à ceux qui mouroient *ab intestat*, ou qui n'avoient pas fait un legs à l'église, & les parens étoient obligés d'aller à l'Official qui commettoit un Prêtre ou quelqu'autre per-sonne Ecclésiastique pour réparer la faute du défunt, & faire ce legs en son nom. En 1533, pendant que la peste ravageoit Paris, & que l'on n'avoit guerres le temps de songer à tester, les corps d'une infinité de per-sonnes resterent plusieurs jours sans sé-pulture, & achevoient d'infecter l'air : N. des Ursins Vicaire général dans l'absence de l'Evêque, voulut bien se relâcher & permettre qu'on les enterrât *sans tirer à conséquence.* Quelques Curés s'opposoient même à la profession de ceux qui vouloient se faire Moines, jusqu'à ce qu'ils n'eussent payé les droits de sépulture, disant que puisqu'ils mouroient au monde par la profession Religieuse, il étoit juste qu'ils s'acquitassent de ce qu'ils auroient dû si on les avoit enterrés.

* On lit dans le Journal sous les regnes de Charles VI & de Charles VII, année 1440, *que pendant quatre mois, dans le Cimetiere des Innocens, on n'enterra ni petits ni grands, & qu'on n'y fît recommandation pour personne, parce que maître Denis des Moulins, Evêque de Paris, en vouloit avoir trop grande somme d'argent.* On publioit au prône, & l'on affichoit à la porte de la Paroisse l'excommunication contre le *mort* que sa famille avoit enterré dans un champ, ne pouvant ou ne voulant pas payer la somme exorbitante que l'Eglise demandoit *pour le*

Ibidem.
année 1448.

laisser pourir en terre benite. Enfin par Arrêt du 13 Juin 1552, le Parlement reprima ce scandale ; quelques Evêques prétendirent que c'étoit toucher à l'encensoir ; leurs ordonnances furent flétries, & les contrevenans à l'Arrêt furent poursuivis avec tant de vigueur, que peu à peu ces vexations cesserent, ou que dumoins on les exerça d'une façon plus honnête.

L'ARSENAL.

L'Hôtel de Ville avoit derriere les Celestins un Arsenal qu'on appelloit *les granges de l'artillerie de la ville.* François I voulant faire fondre du canon, les fit demander aux Prevôt des Marchands & Echevins qui ne les pretêrent que de très mauvaise grace, prévoyant aparemment ce qui arriveroit : ces granges devinrent Maison Royale.

Le feu y prit en 1562. Les nouveaux bâtimens que fit faire Charles IX, furent confidérablement augmentés par Henri III & Henri IV.

L'Auteur *des Melanges d'Hiftoire &* т. II. p. 9. *de Litterature*, dit qu'il a vû deux traités faits par Louis XIII, avec *Villedo*, l'un du 29 Janvier 1636, & l'autre du 3 Octobre 1637, pour la conftruction d'un canal autour de Paris, depuis le baftion de l'Arfenal jufqu'à la porte de la Conférence. Il ajoute qu'après beaucoup de dépenfe, cet ouvrage fut interrompu par M. de Bullion Surintendant des Finances, *contraire à cette entreprife, parce qu'elle étoit protégée par le Pere Jofeph le Clerc Capucin, fi connu fous le Miniftére du Cardinal de Richelieu.* Il feroit fingulier qu'un Surintendant des Finances par pique contre un Capucin, eût interrompu un ouvrage qui avoit coûté confidérablement, & qu'on avoit imaginé comme le seul moyen de remédier aux inondations de la Seine.

RUE AUBRI LE BOUCHER *.

En 1309, un homme qu'on menoit au suplice, fut délivré dans cette rue par le Cardinal de Saint Eusebe. Les Cardinaux ont prétendu pendant long-tems qu'ils avoient le privilége (comme autrefois les Vestales à Rome) de donner la vie à un criminel, en affirmant qu'ils ne s'étoient rencontrés que par hazard sur son passage.

QUAY DES AUGUSTINS.

C'étoit un terrein planté de saules, ordinairement inondé l'hyver, & qui servoit l'été de promenade. Philippe le Bel par lettres du 9 Juin 1312, ordonna au Prevôt des Marchands de le faire revêtir de pierres de taille, & l'on voit par d'autres lettres du 23 Mai

de

* Ainsi nommée d'Aubri le Boucher Bourgeois de Paris.

Rochette.

de l'année fuivante, qu'il lui reproche
fa négligence à exécuter les ordres
qu'il lui avoit donnés.

Au bout de la rue Gillecœur, dans
l'angle qu'elle forme aujourd'hui avec
la rue de Hurepoix, François 1 fit
bâtir un petit Palais qui communiquoit
à un Hôtel qu'avoit la Ducheffe d'E-
tampes dans la rue de l'Hirondelle. Les
peintures à frefque, les tableaux, les
tapifferies, les * Salamandres accompagnées d'emblêmes, & de tendres &
d'ingénieufes devifes, tout annonçoit
dans ce petit Palais & cet Hôtel, le
Dieu & les plaifirs auxquels ils étoient
confacrés. *De toutes ces devifes,* dit
Sauval, *qu'on voyoit il n'y a pas encore
long temps, je n'ai pû me reffouvenir que
de celle-ci ; c'étoit un cœur enflammé,
placé entre un alpha & un omega ,* pour
dire aparemment, *il brulera toujours.* Le
cabinet des bains de la Ducheffe d'E.
tampes fert à préfent d'écurie à une
Auberge qui a retenu le nom de la

* C'étoit
le corps de
l devife de
François I.

Salamandre ; un Chapelier fait fa cuifine
dans la chambre du *lever* de François I,
& la femme d'un Libraire étoit en cou-
che dans *fon petit falon des délices* ,
lorfque j'allai pour examiner les reftes
de ce Palais.

J'ai lû dans un Auteur anonime que
ce Prince, le jour des Rois 1521,
s'amufant à attaquer à coups de pelo-
tes de neige, avec fa bande, un logis
que le Comte de S. Pol deffendoit avec
la fienne, fut dangereufement bleffé à
la tête d'un tifon que Mongommeri,
par mégarde, avoit jetté d'une fenêtre. Il n'eft point étonnant de voir deux
fcelerats dans une famille ; mais il eft
bien fingulier qu'un pere * & un fils,
fideles fujets & remplis d'honneur &
de probité, foient deftinés par la fa-
talité la plus affreufe, l'un à bleffer
& l'autre à tuer fon Roi. Etienne Pafquier dans fes Lettres, tome 2. page
77, en racontant cet accident, dit
qu'il arriva à Blois.

* Ils étoient Capitaines de la Garde Ecoffoife.

Au bout de ce Quay, près des grands Auguſtins, étoit *l'Hôtel d'Hercule*, ainſi nommé des travaux d'Hercule qu'on y avoit peints. Louis XII le donna au Chancelier Duprat. Antoine Duprat ſon petit fils, Seigneur de Nantoüille, Prevôt de Paris, ſe vantoit d'être l'homme de l'Europe qui avoit les plus puiſſans ennemis : j'ai nargué, diſoit-il, la Reine Elizabeth à Londres ; je parle tous les jours fort mal des maîtreſſes * du Duc d'An- *Henri III jou, & du Roi * de Navarre, & j'ai eu *Henri IV. le plaiſir de manquer de parole au Duc de Guiſe à l'occaſion d'une terre. Le Duc d'Anjou, le Roi de Navarre & le Duc de Guiſe lui manderent un jour qu'ils iroient ſouper chez lui, (à cet Hôtel d'Hercule) & y furent, malgré tous les pretextes qu'il pût alleguer pour ſe diſpenſer de recevoir cet honneur. Après le ſouper, leur ſuite pilla, ou jetta par les fenêtres ſon ar-

C ij

gent, fa vaiffelle & fes meubles. » Le
» lendemain, dit l'Étoile, le premier
» Préfident fut trouver le Roi (Charles
» IX) & lui dit que tout Paris étoit
» émû pour le vol de la nuit paffée,
» & que l'on difoit que fa Majefté y
» étoit en perfonne & l'avoit fait pour
» rire ; à quoi le Roi ayant répondu
» que ceux qui le difoient avoient men-
» ti, le premier Préfident répliqua :
» J'en ferai donc informer, Sire : non,
» non, répondit le Roi, ne vous en
» mettés en peine ; dites feulement à
» Nantoüillet qu'il aura affaire à trop
» forte partie, s'il en veut demander
» raifon. »

'Quelque temps après Mademoifelle
de Rieux, favorite du Duc d'Anjou,
belle comme les amours, vive & fiere
comme une Bretonne, paffant * à cheval fur le Quay de l'Ecole, & voyant
venir Nantoüillet à pied, fuivi de fes
gardes, un jour de cérémonie, part

Mémoires pour fervir à l'hiftoire, ann. 1573.

C'eft ainfi qu'alloient alors les filles d'honneur de la Reine.

comme un éclair, le renverfe & le fait fouler aux pieds de fon cheval. » C'eft-elle, dit Brantome, qui tua » virilement de fa propre main *Anti-* » *notti* Florentin, qu'elle avoit époufé » par amourette, & qu'elle furprit » couché avec une autre. »

RUE DES PETITS AUGUSTINS.

L'Abbaye de S. Germain des-Prez, proche & hors des murs de Paris, reffembloit à une Citadelle ; fes murailles étoient flanquées de tours & environnées de foffez ; un canal large de treize à quatorze toifes, qui commençoit à la riviere, & qu'on appelloit *la petite feine*, couloit le long du terrein où eft à préfent la rue des petits Auguftins, & alloit tomber dans (1) ces

____

(1) On les combla en 1640, & l'on batit fur le terrain qu'ils occupoient, un côté des rues S. Benoît, Ste Marguerite, & du Colombier ; l'autre côté de cette derniere rue avoit été bati, vers l'année 1543, avec la rue Defmarais.

foſſez. La prairie que ce canal parta-geoit en deux, fut nommée *le grand & le petit pré aux Clercs*, parce que les Ecoliers qu'on apelloit autrefois *Clercs*, alloient s'y promener les jours de fête. *Le petit pré* étoit le plus pro-che de la Ville.

Une partie de l'armée de Henri IV, étoit campée dans le *grand pré aux Clercs*, lorſqu'il aſſiégea Paris en 1589. » Le Mercredi premier jour de Novem-» bre, à la faveur d'un brouillard qui » ſe leva comme par miracle, après » la priere faite dans *le pré aux Clercs*, » le Roi ſurprit les fauxbourgs S. Jac-» ques, (1) & S. Germain... & ſur les » ſept heures du matin il ſe fit faire » au fauxbourg S. Jacques, dans la » ſalle du petit Bourbon *, un lit de

Mémoires pour ſervir à l'Hiſtoire, ann. 1589.

* A préſent le Val de Grace.

______

(1) On avoit élevé quelques fortifications, & fait des retranchemens autour de ces Fauxbourgs qui n'étoient pas à beaucoup près auſſi étendus qu'ils le ſont aujourd'hui.

» paille fraîche fur laquelle il repofa
» environ trois heures.... Ce même
» jour ayant envie de voir Paris à dé-
» couvert, il monta au haut du clocher
» de S. Germain des Prez où le con-
» duifit un Moine avec lequel il fe trou-
» va feul. En étant defcendu, il dit au
» Maréchal de Biron, une apréhen-
» fion m'a faifie étant avec un Moine,
» & me fouvenant du couteau de frere
» Clément... Le Vendredi trois de
» Novembre, n'ayant pas reçu l'artil-
» lerie néceffaire pour battre la Ville,
» il fortit des Fauxbourgs & demeu-
» ra en bataille depuis fept heures du
» matin jufqu'à onze, pour attirer le
» Duc de Mayenne hors des portes ;
» mais perfonne ne fortit.

Suplém.
p. 6. l. l.

On ne commença de bâtir dans *le
grand pré aux Clercs* que fous Louis
XIII, & les rues des petits Auguftins,
Jacob, de l'Univerfité, de Verneuil, de
Bourbon & de * Saint Pere, n'étoient

* Et non
pas des SS.
Peres.

pas encore achevées au commencement du regne de Louis XIV.

La Reine Marguerite, premiere femme de Henri IV, avoit fait venir des * Augustins déchaussés, auxquels elle donna une maison, six arpens de terrein & six mille livres de rente perpétuelle, à condition qu'ils chanteroient des Cantiques & les louanges de Dieu, *sur des airs qui seroient faits par son ordre.* Ces Peres *assurément n'aimoient pas la musique* ; ils s'obstinerent à ne vouloir que psalmodier ; elle les chassa, & mit à leur place des Augustins chaussés, qui se sont assez bien arrondis depuis, & qui ont donné le nom à la rue.

* Petits Peres.

R U E S. A V O Y E.

L'Hôtel de Mesmes étoit l'Hôtel d'Anne de Montmorenci, Connétable de France. Il y mourut avec toute la dignité d'un héros Chrétien , le 12 Novembre 1567 , deux jours après la Bataille de S. Denis , des bleſſures qu'il y avoit reçûes. Ce reſpectable Vieillard , âgé de ſoixante & quatorze ans , couvert de ſang , ſon épée rompue , donna un ſi furieux coup du pomeau dans le viſage de Robert Stuart qui lui diſoit de ſe rendre , qu'il lui caſſa deux dents & le renverſa de cheval : dans l'inſtant un des Soldats de Stuard lui tira dans les reins un coup de piſtolet chargé de trois balles. Il avoit ſervi ſous cinq Rois , s'étoit trouvé à près de deux cent combats , à huit batailles rangées , & avoit été employé à dix Traités de Paix. Je remarque que dans ces temps malheureux , les Princes & les principaux Chefs Catholiques & Proteſtans , ſont tous morts funeſtement , ou d'une façon ſinguliere. Henri II d'un éclat de lance dans l'œil ; Charles IX vo-

Mémoires de Caſtel- nau. l. 6.

Brantome.

niliant fon fang ; Henri III & Henri
IV, affaffinés ; Antoine de Bourbon
Roi de Navarre , de fa bleffure au
fiége de Rouen , & pour n'avoir pas
été affez le maitre de fa paffion pour
Mademoifelle du Roüet ; François
Comte d'Enghien d'un coffre qui lui
tomba fur la tête en fe divertiffant
avec fes Favoris au Château de la
Roche-Guyon ; Henri de Bourbon,
Marquis de Beaupreau , d'une chûte
de cheval à la chaffe ; Louis I Prince
de Condé, affaffiné par Montefquiou
après la bataille de Jarnac ; Henri I
Prince de Condé , empoifonné à S.
Jean d'Angeli ; le Maréchal de S.
André tué de fang froid par Bobigni
après la bataille de Dreux ; François
de Cleves tué par accident à la même
bataille par fon meilleur ami ; François de Guife affaffiné par Jean Poltrot
de Meré au fiége d'Orleans ; Henri
de Guife & le Cardinal de Guife ,

enfin punis & tués à Blois ; le Cardinal de Lorraine empoifonné à Avi-
gnon par un Moine , & le Cardinal
de Chatillon à Hampton par fon Valet-
de-Chambre ; l'Amiral de Coligni
maffacré la nuit de la S. Barthelemi ;
l'Amiral André de Villars Brancas ,
prifonnier des Efpagnols , poignardé
par l'ordre de Contreras leur Commiffaire Général. Des cinq freres
Joyeufe , Anne & Claude furent tués
indignement par les Capitaines Bor-
deaux & De centiers à la bataille de
Coutras ; Georges fut trouvé mort d'a-
poplexie dans fon lit la veille de fes
Nôces ; Antoine Scipion fe noya dans
la riviere du Tarn après le combat de
Villemur ; & Henri , Pair & Maréchal
de France , mourut Capucin.

RUE BARBETTE. *

Ifabeau de Baviere femme de Char
les VI, avoit acheté l'Hôtel Barbette ;

* Ainfi nommée d'Etienne Barbette, Prevôt de Paris fous Philippe le Bel.

c'étoit ſon *petit ſéjour* ; * elle s'y retiroit ordinairement pendant les accès de la maladie de ce Prince. L'Abbé de Choiſi raporte d'après un ancien manuſcrit , *que comme il étoit quelquefois furieux & qu'il frappoit à droit & à gauche ſans diſtinction , & qu'il y avoit à craindre que la nuit il ne bleſ-ſât la Reine , on lui amenoit tous les ſoirs la fille d'un Marchand de Chevaux , qui étoit fort belle , qui fut bien récompenſée , qu'on appelloit communément & publiquement la petite Reine , & dont il eut une fille (Marguerite de Valois) à qui l'on donna en dot , en la mariant au Sire d'Harpedanne , la Terre de Belleville en Poitou.*

J'ai lû dans une vieille Chronique que pour l'engager à changer de linge & à ſe coucher entre deux draps , ce qu'il n'avoit pas voulu faire pendant près de cinq mois , on imagina de lui préſenter *cette belle fille* qui s'ap-

* Nom qu'on donnoit aux petits Hôtels qu'on voit aux Princes aux portes de Paris.

pelloit *Odette de Champdivers.* Ce moyen étoit plus naturel que celui qu'on employa dans la fuite : on faifoit entrer brufquement dans fa chambre dix ou douze hommes bizarremens vêtus, & barboüillés de noir, qui le prenoient fans lui rien dire le déshabilloient & le mettoient au lit ; il en avoit peur & n'ofoit leur réfifter. On ne fçauroit lire la vie de ce Prince, fans être attendri : Il étoit d'une figure majeftueufe, d'une force & d'une adreffe étonnante à toutes fortes d'exercices, libéral, affable & plein d'humanité. Les cris du peuple dès qu'il fe portoit un peu mieux, l'inftruifoient de l'adminiftration tyrannique de fes Oncles, & la bonté de fon cœur lui rendoit alors l'état de fa fanté encore plus cruel. Il voyoit qu'on profitoit de fa maladie pour mettre de nouveaux impôts, & que le Duc d'Orleans fon frere & la Reine,

s'approprioient les revenus de la Couronne & les diffipoient en dépenfes fu-
perflues, tandis que le Dauphin man-
quoit du néceflaire. Il fit venir un jour
la Gouvernante de fes Enfans ; elle lui
avoua *que fouvent ils n'avoient que manger ne que vêtir* : je ne fuis pas mieux
traité , répondit-il en foupirant & en
lui donnant , pour la vendre , une
coupe d'or dans laquelle il venoit de
boire. Il eût été un grand Roi , s'il
ne fut pas tombé dans cette funefte maladie , qui occafionna tous les mal-
heurs de la France & les triomphes
des Anglois.

RUE DES BARRES.

Louis de Bourdon , beau , bienfait ,
qui s'étoit fignalé en différentes occafions , & entr'autres à la bataille d'A-
zincourt , allant à fon ordinaire voir
un foir la Reine Ifabeau de Baviere au

Monftrelet.
pag. 244.

Château de Vincennes, rencontra le le Roi (Charles VI) qui en revenoit, & qu'il falua, mais *fans s'arrêter ni defcendre* & continuant de pouffer fon cheval au grand galop. Le Roi l'ayant reconnu, ordonna à Tangui du Chatel, Prévôt de Paris, de courir après lui, & de le conduire en prifon. La nuit il fut mis à la queftion, enfuite enfermé dans un fac & jetté dans la Seine avec ces mots fur le fac, *laiffez paffer la juftice du Roi.* Ses amours avec la *Le Laboureur.* Reine qui fut conduite le lendemain à Tours pour être gardée à vûe, étoient fi publics qu'ils méritoient cette punition. Un Auteur anonyme qui fe plaît trop à conter des faits finguliers pour qu'on ne le foupçonne pas de rapporter quelquefois des fables, dit que l'homme qu'on envoya à la * maifon de Louis de Bourdon pour faifir fes papiers, ayant ouvert le tiroir d'une vieille armoire, il en fortit dix

* A préfent l'Hôtel de Charni, dans cette rue desbarres.

ou douze aſpics ou ſerpens & que le lendemain on trouva cet homme expirant, & ces ſerpens entortillés autour de ſon cou, de ſes jambes & de ſes bras.

* BARRIERES DEVANT LES MAISONS ROYALES ET DEVANT QUELQUES HÔTELS.

On prétend que les Princes du Sang, le Connétable, & le Gouverneur de Paris, avoient ſeuls le droit de faire dépaver la rue & de donner le divertiſſement des Joutes & des Tournois devant leurs Hôtels ; que pour marquer ce droit, ils y faiſoient planter des poteaux ou des barrieres, & que voilà l'origine des Barrieres qu'on voit devant les Maiſons Royales, celles des Princes du Sang, & devant quelques Hôtels. Elles doivent être plus ou moins éloignées du mur, ſelon le rang

& la qualité de la perfonne. Si un Roi, ou une Reine, venoit en France & logeoit chez un particulier, fans garder *l'incognito*, la maifon feroit auffitôt décorée d'une barriere qui y refteroit tant qu'elle pourroit durer, mais à mefure qu'elle pouriroit, on ne pourroit pas la raccommoder.

Rue S. Barthelemy.

Robert, fils de Hugues Capet; avant d'époufer Berthe fa coufine iffue de germain, fit une affemblée d'Evêques pour fçavoir s'il lui falloit des difpenfes : leur avis fut qu'il n'en avoit pas befoin, ou qu'en tout cas ils pouvoient les donner. Deux ans après, Grégoire V ayant été élû Pape, tint à Rome un Concile dont le premier Décret attaqua ce mariage, & fut conçû dans ces termes : ,, Que le Roi ,, Robert & Berthe fa parente, qui fe

» font mariés contre les Loix de l'E-
» glife , ayent à fe féparer & à faire
» une pénitence de fept ans , & qu'Ar-
» chambaut , Archevêque de Tours ,
» qui leur a donné la bénédiction nup-
» tiale , & les autres Evêques qui ont
» affifté à ce mariage inceftueux ,
» foyent interdits de la communion juf-
» qu'à ce qu'ils foyent venus à Rome
» faire fatisfaction au S. Siége. « Robert aimoit fa femme , elle étoit groffe ,
& il lui paroiffoit affreux de la dés-
honorer & l'enfant auquel elle alloit
donner le jour. Il refufa d'obéir , fut
excommunié , & l'on vit auffitôt , non-
feulement le peuple , mais même les
gens de la Cour fe féparer de leur Roi :
il ne lui refta que deux domeftiques ;
encore faifoient-ils paffer par le feu ,
pour les purifier , les plats où il avoit
mangé & les vafes où il avoit bû. Un
matin qu'il étoit allé , felon fa coutume , dire fes prieres à la porte de

Daniel.
Hiftoire de
France.

l'Eglife de S. Barthelemi, car il n'o-
foit pas y entrer, Abbon Abbé de
Fleuri, fuivi de deux femmes du Palais qui portoient un grand plat de
vermeil couvert d'un linge, l'a-
borde, lui annonce que Berthe vient
d'acoucher, & découvrant le plat,
Voyez, lui dit-il, *les effets de votre dé-
fobéiffance aux Décrets de l'Eglife, &
le fceau de l'anathême fur ce fruit de vos
amours* : Robert regarde & voit un
monftre, difent Pierre Damien & Ro-
muald, qui avoit le cou & la tête d'un
canard. Croira-t-on que par le plus
abominable complot, dans l'idée d'o-
bliger ce Prince à fe foumettre, &
pour fortifier en même temps parmi
le peuple la terreur qu'infpiroient les
Excommunications, on fubftitua ce
monftre à la place du véritable enfant?
Il eft plus naturel de penfer qu'une
maffe de chair d'une figure bizarre,
a pû fe former au fein d'une femme

Anonyme.
Duchene.
T. 4. p. 85.

dévorée de chagrins pendant sa grosfesse, & dont l'imagination & la confcience étoient troublées par les menaces du Pape. Berthe fut répudiée : *Mezeray.* Robert époufa Conftance de Provence, dont le caractere altier, cruel & vindicatif, exerça fi fouvent fa patience, & caufa tant de troubles dans l'État, qu'il ne parut pas que la bénédiction du Ciel fe fût répandue fur ce fecond mariage.

BASTILLE.

Chriftine de Pifan qui avoit vêcu fous le regne de Charles V & qui écrivit la vie de ce Prince, raporte qu'il fit bâtir *la Baftille S. Antoine, quoique depuis on y ait travaillé.* Hugues Aubriot, Prévôt de Paris, y pofa la premiere pierre, le 22 Avril 1370. Le Laboureur dit qu'on acheva de la fortifier en 1382. C'eft un Château qui fans être fort, eft un des plus redoutables de l'Europe , & fur lequel je ne rapporterai aucune anecdote.

RUE DES BERNARDINS.

Le Cardinal de Retz & les Frondeurs , cherchant à exciter une nouvelle fédition dans Paris , imaginerent qu'il falloit perfuader que la Cour avoit voulu faire affaffiner *Joli* , un des Syndics pour les rentes fur la Ville , Confeiller au Châtelet & homme fort accrédité parmi le peuple. » On plaça » fon pourpoint & fon manteau fur un » morceau de bois , dans une certaine » attitude ; *d'Eftainville* tira un coup » de piftolet avec tant de jufteffe fur » une des manches qu'on avoit remplie » de foin , qu'il la perça précifément » où il falloit ; après quoi il fut ar-» rêté entre lui & *Joli* , que le vérita-» ble coup feroit tiré le lendemain fur » les fept heures & demie du matin ,

Mémoires de Joli, ann. 1642.

» dans la rue des Bernardins.... La
» chose fut faite comme on l'avoit pro-
» jetté ; *d'Eſtainville* s'approcha du ca-
» roſſe, *Joli* ſe baiſſa , le coup paſſa
» pardeſſus ſa tête , & fut ſi bien ajuſté
» qu'il ſe rapportoit parfaitement à la
» ſituation où il devoit être dans le
» caroſſe.... Il fut conduit chez un
» Chirurgien , vis-à-vis de S. Nicolas
» du Chardonnet , où ayant été dés-
» habillé , on lui trouva au bras gau-
» che à l'endroit où les balles devoient
» avoir paſſé , une eſpéce de playe
» qu'il s'étoit faite lui-même la nuit
» avec des pierres à fuſil ; de ſorte que
» le Chirurgien ne douta pas que ce ne
» fut l'effet du coup , & y mit un ap-
» pareil dans les formes , tandis que
» *d'Argenteuil* diſoit & faiſoit tout ce
» qu'il pouvoit pour inſinuer que cette
» entrepriſe n'avoit pû venir que de
» la part de la Cour qui vouloit ſe dé-
» faire de celui des Syndics qui pa-

„ roiſſoit le plus ferme & le plus af-
„ fectionné au bien public.

Quelles ſeroient les idées d'un Sauvage à la lecture de ce récit où le
ſieur *Joli* lui-même rapporte, & avec
un air de ſatisfaction & de vanité, qu'il
apoſta de faux témoins, qu'il fabriqua
de fauſſes preuves, & qu'il prit les
meſures les mieux réfléchies & les
plus ſûres pour perſuader que la Reine
& le Miniſtre avoient voulu le faire
aſſaſſiner ? Ce Sauvage penſeroit ſans
doute que ces infâmes manœuvres ne
déshonorent point en France, n'étant
pas naturel qu'un homme ſe donne la
peine d'écrire ſa vie pour ſe rendre
odieux & méprisable.

RUE BÉTIZY. *

C'eſt dans la deuxiéme maiſon à
gauche en entrant par la rue de la Monnoye, & où eſt à préſent une Meſſage-

* Ainſi
nommée de
Jacques Bé-
tizy, Avo-
cat au Par-
lement.

rie, que l'Amiral de Coligni fut affaffiné la nuit de la S. Barthelemi 1572.
Le maffacre ne devoit commencer
qu'une heure avant le jour aux premiers coups du tocfin de l'Horloge
du Palais : Catherine de Médicis, vers
minuit, croyant remarquer dans le
Roi des remords & de l'irréfolution,
& craignant qu'il ne vint à changer
de fentiment, fit avancer le fignal &
fonner à S. Germain de l'Auxerrois.
Auffitôt le Duc de Guife, bien ef-
corté, marche & frappe à la porte de
l'Amiral : *Labonne* ouvre, on le poi-
gnarde : *Charles Dianowitz* dit * *le*
Befme, *Pétrucci* Siennois, *Coffeins* &
Sarlabous, montent & trouvent l'A-
miral affis dans un fauteuil, & qui
s'étoit éveillé au premier bruit : *Jeune*
homme, dit-il à le Befme, *tu devrois*
refpecter mes cheveux blancs ; mais
fais ce que tu voudras, tu ne peux
m'abreger la vie que de peu de jours. Il

étoit

* Parce
qu'il étoit
de Bohéme.

étoit malade, bleſſé (1), & les inquié-
tudes du cabinet jointes aux fatigues de
la guerre, l'avoient plus vieilli que
les années : il n'avoit que cinquante-
cinq ans. *Le Beſme* & *Petrucci* après
l'avoir percé de pluſieurs coups, le
jetterent par la fenêtre dans la cour où
le Duc de Guiſe pour le reconnoître,
eſſuya avec ſon mouchoir le ſang qui
lui couvroit le viſage, & l'ayant foulé
aux pieds : *c'eſt bien commencé*, dit-
il à ſa troupe, *allons continuer notre
beſogne.*

Pierre Mathieu raporte qu'il a entendu raconter pluſieurs fois à Henri
IV que le ſoir, quelques heures avant
le maſſacre, joüant au dez avec le Duc
de Guiſe, il parut des goutes de ſang

(1) A la main droite & au bras gauche,
d'un coup d'arquebuſe que Maurevert caché
dans une maiſon du Cloître de S. Germain de
l'Auxerrois, lui avoit tiré quelques jours auparavant, lorſqu'il revenoit du Louvre à pied.

Tome I.   D

fur la table , & que les ayant fait ef-
fuyer , elles reparurent encore ; ce
qui le frapa au point qu'il quitta le
jeu.

* Le Cardinal de Lorraine pour ré-
compenfer *le Befme* , le maria à une
de fes bâtardes. Un Italien coupa la
tête de l'Amiral & la porta à Catherine de Médicis ; elle la fit embaumer
& l'envoya à Rome. Le Pape ordonna une proceffion folemnelle en action
de graces de l'heureufe journée de la
S. Barthelemi. La nouvelle de cette
proceffion irrita fi fort le Capitaine
Breffaut de la Rouvraye , Gentilhomme Angevin & Huguenot , qu'il jura
de *chatrer* tous les Moines qui tom-
beroient entre fes mains , & qu'il n'eut
pas honte de fe rendre fameux en portant un large baudrier qu'il avoit fait
faire de ces ridicules mutilations.

Charles IX avoit envoyé des ordres
dans toutes les Provinces pour exter-

Mezeray.

Mémoires de l'état de France.

miner les Huguenots : tandis que la plûpart des Gouverneurs étoient affez feroces ou affez lâches pour obéir, le Vicomte d'Orte qui commandoit à Bayonne, lui écrivit, *Sire, j'ai communiqué la Lettre de Votre Majefté, à la garnifon & aux habitans de cette Ville ; je n'y ai trouvé que de braves foldats, de bons citoyens, & pas un boureau.*

RUE DES BONS-ENFANS. *

La Salle de l'Opéra & toutes les autres dépendances du Palais Royal du côté de l'Eglife de S. Honoré, font bâties fur les ruines de l'Hôtel des Comtes d'Armagnac. Ce fut à cet Hôtel que marchérent d'abord les Troupes du Duc de Bourgogne, lorf- que la trahifon de Perinet * le Clerc les eût introduites dans Paris la nuit du 28 au 29 Mai 1418. Le Conne- table Bernard d'Armagnac s'étoit fau-

* Ainfi nomm.e d'un Collé- ge des Bons- Enfans, qui ne fubfifte plus.

*Voyez rue S. André.

D ij

vé déguifé chez un Maçon qui demeuroit dans cette rüe. Ce miférable le trahit ; il fut pris & enfermé dans un cachot de la Conciergerie. Le 12 Juin, la populace ayant enfoncé les portes des prifons, l'affomma & jetta fon corps à la voirie , après l'avoir traîné ignominieufement dans les rües. Telle fut la fin d'un des defcendans de Clovis par Charibert frere de Dagobert. Celle de Jacques d'Armagnac , fon petit-fils, fut encore plus funefte : Louis XI lui fit couper le cou & voulut par un rafinement de cruauté , que fes enfans dont le plus âgé n'avoit que douze ans , fuffent fous l'échaffaut tête nüe, les mains jointes & vêtus de blanc , pour être arrofés du fang de leur pere. Boufiledejuge qui s'étoit chargé de l'entretien de l'aîné , moyennant une fomme qu'il toucha & qui fut prife fur la confifcation des biens, le laiffa périr de mifere au Château de

Perpignan. Le cadet & le dernier de cette illuftre Maifon (Louis de Nemours) fut tué, fous le regne de Louis XII, à la bataille de Cerignolles.

Rue des Boucheries,
Fauxbourg S. Germain.

La moitié de cette rue du côté du petit-Marché, a été bâtie fur un terrein qui faifoit partie de la garenne de l'Abbaye. Philippe *le Bon*, Roi de Navarre, & Charles *le Mauvais* fon fils, avoient leur Hôtel à l'endroit où font à préfent les Loges & Bout'ques de la Foire. Louis de France, pere de ce Philippe *le Bon*, & fils de Philippe *le Hardi*, avoit fait bâtir cet Hôtel au milieu de quelques arpens de vignes qu'il avoit achetés de Raoul de Prefles, Avocat au Parlement, & pere de ce Raoul de Prefles fi célèbre par fes Ouvrages fous le régne de

Charles V, & qui prenoit, dit l'Abbé Maffieu, le titre de *Confeffeur & Poëte du Roi.*

Hift. de la PoefieFran-çoife.

RUE DU PETIT-BOURBON,
près de S. Sulpice.

Au coin de cette rue & de la rue de Tournon, étoit l'Hôtel de cette furieufe Ducheffe de Montpenfier, fœur des Guifes tués à Blois. Si l'on veut en croire quelques Hiftoriens, elle fe proftitua à Bourgoing Prieur des Jacobins, & concerta avec ce fcélerat les moyens d'approcher de la perfonne de Henri III & de le faire affaffiner. Il eft certain qu'elle logea chez elle, pendant quelques jours, la mere de Jacques Clément, qui étoit venue à Paris de fon Village de Sorbonne près de Sens, pour demander la récompenfe de l'exécrable attentat commis par fon fils. C'étoit à cet Hôtel que

Hift. de Paris. L. 23.

les Prédicateurs engageoient le Peuple à aller *vénérer cette bienheureuse mere d'un saint martyr* : c'est ainsi qu'ils la qualifioient en chaire. On lui donna une somme assez considérable, & lorqu'elle s'en retourna , cent quarante Religieux l'accompàgnerent *honorablement* jusqu'à une lieue de Paris.

* *Bourgoing interrogé devant ses Juges*, dit Cayet , *leur répondit comme en riant. Il fut condamné à être tiré à quatre chevaux. Etant conduit pour être exécuté dans la place du Marché de Tours , il dit au Peuple qu'il avoit été des plus doux Prédicateurs ; ensuite il pria Dieu d'avoir pitié de son ame pour ses grands péchés. Le Greffier lui dit , vous étiez le Prieur & comme le pere de Jacques Clement qui a assassiné notre Roi ; vous sçaviez qu'il étoit sorti du Couvent dont vous étiez Prieur , vous y étant , & après le malheureux parricide qu'il a commis , vous avez dit*

Chronol. Novenaire. ann. 1589.

D iv

qu'il étoit ſaint en *Paradis ; vous ne pou-*
vez nier cela ; il n'y a perſonne qui ait
oüi vos Sermons qui ne vous ait enten-
du aprouver & louer tout ce dont vous
êtes accuſé & convaincu ; vous vous opi-
niatrez à ne point confeſſer le ſecret de
votre parricide, & à ne vouloir pas nommer
vos complices, & toutefois vous eſperés
aller devant Dieu, & deſirés qu'il vous
pardonne vos péchés ; cela eſt bien dou-
teux pour vous. Bourgoing répondit com-
me en colere, nous avons bien fait ce
que nous avons pû, & non pas ce
que nous avons voulu : *ce furent là*
ſes dernieres paroles ; car le linge remis
ſur ſon viſage, il fut tiré, écartelé, &
puis brûlé.

RUE DU PETIT-BOURBON,
Quartier du Louvre.

Proche du Louvre, ſur le Quay, à
l'entrée de cette rue, cette vieille Mai-

fon qu'on apelle aujourd'hui *le garde-meuble du Roi*, apartenoit au Connéta-ble de Bourbon. Ayant été déclaré criminel de leze-Majefté en 1523, on y fema du fel ; fes armoiries y furent brifées, & le Boureau barbouilla les fenêtres & les portes de ce jaune infa-mant dont on barbouille les maifons des traîtres. Ce Prince fut tué devant Rome, le 6 Mai 1527, en montant le premier à l'affaut. On fit fur lui ces deux vers :

Brantome. Vies des Hommes Il-luftres. T.I. p. 229.

Unum Borbonio votum fuit arma ferenti
  Vincere vel morier ; donat utrumque Deus.

* Ses foldats dont il étoit adoré, après avoir faccagé Rome, emporte-rent fon corps à Gaëtte, & lui dreffe-rent un tombeau dans une Chapelle. Le Concile de Trente ordonna qu'il feroit exhumé, aparemment parce qu'il n'eft pas permis de combattre contre le Pape, lors même qu'il ne fait la

Ibidem.

guerre que comme Prince temporel.
On avoit jetté ce corps auprès de la
porte du Château de Gaëtte ; un Offi-
cier François de la garnison , le mit
dans une grande armoire vitrée où on
le voyoit encore (en 1660) bien
conservé, debout, botté, appuyé sur
un bâton de Commandement, & vêtu
de sa casaque de velours vert , chama-
rée de grands galons d'or.

C'étoit des fenêtres de cette Maison
qui avoit apartenu , comme je viens de
le dire , au Connétable de Bourbon ,
que Charles IX , pendant le massacre
de la Saint Barthelemi, tiroit avec une
longue arquebuse sur les Huguenots
qui passoient l'eau pour se sauver au
Fauxbourg S. Germain : le Pont-Neuf
n'étoit pas encore bâti.

RUE DES BOURDONNOIS. *

*Gaultier & Dupré Marchands de
soye, & qui ont pour enseigne la Cou-*

ronne d'Or, assurent, dit le sieur de Piganiol dans sa description de Paris, *qu'ils sçavent par tradition qu'en* 1280 *Philippe le Bel demeuroit dans la maison qu'ils occupent,* & *ils ne sont pas,* ajoute-t-il, *les seuls qui soient dans cette opinion.* Philippe le Bel n'a jamais demeuré dans cette maison ; c'est Philippe Duc d'Orleans, frere du Roi Jean, qui l'acheta, en 1393, deux mille * francs. En 1398, c'étoit l'Hôtel du *Preux* Gui de la Trimouille.

* Qui feroient aujourd'hui à peu près seize mille livres.

RUE DU BOUT-DU-MONDE.

Ainsi nommée d'une enseigne où l'on avoit peint, *un Bouc, un * Duc* & un Monde,* avec cette inscription, *au Bouc-Duc-Monde.* C'est de pareilles enseignes que plusieurs rues ont pris leurs noms.

* Oiseau.

RUE DE LA BUCHERIE. *

L'Ecole de Médecine est dans cette rue, & y fut établie vers 1472.

* Ainsi nommée d Port aux buches.

D vj

Anciennement les Profeſſeurs de cette Faculté étoient *Clercs* & obligés de garder le célibat. Ils preſſerent tant le Cardinal d'Eſtouteville , nommé pour la réformation de l'Univerſité en 1452 , & lui repréſentérent avec des couleurs ſi vives les tentations auſquelles ils étoient ſans ceſſe expoſés , qu'ils obtinrent la permiſſion de pouvoir ſe marier.

Sous le régne de François I , la diſſection du corps humain paſſoit encore pour un ſacrilége : l'Anatomie étoit donc une ſcience preſqu'inconnue , & les Médecins de ce temps-là & des ſiecles précédens , ne devoient pas être à beaucoup près auſſi habiles que ceux d'apréſent : mouroit-il plus de monde ?

* Il y a eu des hommes aſſez ſuperſticieux pour faire leur teſtament, parce qu'ils avoient vû un Médecin en ſonge ; ils croyoient que c'étoit un préſage de mort.

QUAI DES CELESTINS.

L'Hôtel S. Paul que Charles V fit bâtir, & qu'il deftina, comme il eft marqué dans fon Edit du mois de Juillet 1364, pour être *l'Hôtel folemnel des grands Ebattemens*, occupoit, avec les Jardins, tout le terrein entre la rue S. Antoine & la Riviere, depuis les Foffés de la Ville jufqu'à l'Eglife de la Paroiffe S. Paul, enforte que la Baftille & le Couvent des Céleftins paroiffoient enclavés dans fon enceinte. Cet Hôtel, comme toutes les autres Maifons Royales de ce temps-là, étoit accompagné de groffes Tours : on trouvoit que ces Tours donnoient au corps du bâtiment un air de domination & de majefté. Les Jardins n'étoient point plantés d'Ifs & de Tilleuls, mais de Pommiers, de Poiriers, de Vignes, de Cerifiers. On y voyoit la Lavande, le Romarin, des Pois, des Féves, de longues Treilles & de bel-

les Tonnelles : c'eſt d'une Treille qui
faiſoit une des principales beautés de
ces Jardins , & d'une Ceriſaïe , que
les rues de Beautreillis & de la Ceriſaïe ont pris leur nom. Les baſſes-
cours étoient flanquées de colombiers
& remplies de volailles que les Fermiers des terres & domaines du Roi
étoient tenus de lui envoyer, & qu'on
y engraiſſoit pour ſa table & pour
celles de ſes commenſaux. Les poutres
& les ſolives des principaux aparte-
mens , étoient enrichies de fleurs-de-
lys d'etain doré. Il y avoit des bar-
reaux de fer à toutes les fenêtres avec
un treillage de fil d'archal, *pour empê-*
cher les pigeons de venir faire leurs or-
dures dans les chambres. Les vitres
peintes de différentes couleurs & char-
gées d'armoiries, de deviſes, & d'i-
mages de ſaints & de ſaintes , reſ-
ſembloient aux vitres de nos anciennes Egliſes. Les ſiéges étoient des

escabelles, des formes & des bancs :
le Roi avoit des chaises à bras, gar-
nies de cuir rouge avec des franges
de soye. On appelloit les lits *couches,*
quand ils avoient dix ou douze pieds
de long sur autant de large ; & *cou-
chettes* quand ils n'avoient que six pieds
de long & six de large : il a été long-
tems d'usage en France de retenir à
coucher avec soi ceux qu'on affection-
noit. Charles V dînoit vers onze heures, soupoit à sept, & toute la Cour
étoit ordinairement couchée à neuf en
Hyver, & à dix en Eté. *La royne
durant le repas,* dit Christine de Pisan,
*par ancienne & raisonnable coutume, pour
obvier à vagues paroles & pensées, avoit
un prudhomme au bout de la table, qui
sans cesse disoit gestes & mœurs d'aucun
bon trépassé.*

On s'avisa, sous ce régne, *d'armo-
rier* les habits ; les femmes portoient
sur leurs robes, à droite l'écu de leur

mari, & à gauche le leur : cette mode dura près de cent ans.

Le principal corps de logis de l'Hôtel S. Paul & la principale entrée, étoient du côté de la Riviere, entre l'Eglife S. Paul & les Céleftins. Dès l'année 1519, François I vendit quelques-uns des édifices qui compofoient ce Palais que Charles VII, Louis XI, Charles VIII & Louis XII, avoient abandonné pour aller habiter celui des Tournelles. Le tout fut vendu, en 1551, à différens particuliers qui commencerent à bâtir & a percer les rues que nous voyons fur le vafte terrein qu'il occupoit.

RUE CHAMPFLEURI.

Charlemagne avoit tâché de bannir abfolument de Paris les femmes publiques. Il avoit ordonné qu'elles feroient condamnées au fouet, & que ceux qui les auroient logées, ou chez qui on les auroit trouvées, les porteroient sur leur cou (1) jusqu'au lieu de l'exécution. L'expérience fit bientôt connoître que ces sortes de femmes sont un mal nécessaire dans les grandes Villes, & l'on prit le parti de les tolérer. Elles commencerent donc à faire corps, à être imposées aux taxes, & à avoir leurs Juges & leurs Statuts. On les appelloit *femmes amoureuses, filles folles de leurs corps.* Tous les ans elles faisoient une Procession solemnelle le jour de la Magdelaine. On leur désigna pour leur commerce les rues Froimentel, Pavée, Glatigny, Tiron, Chapon, Tireboudin, Brisemiche, du Renard, du Heurleur, de la Vieille Bouclerie, l'Abreuvoir Mâcon & *Champfleuri.* Elles avoient dans chacune de

Sauval. T. I. p. 617.

______

(1) *Volumus ut apud quemcumque inventæ fuerint, ab eis portentur usque ad mercatum ubi ipsa flagellanda sunt.* Capit. reg. fr. Baluz. Tom. I.

ces rues un *Clapier* qu'elles tâchoient à l'envi de rendre propre, agréable.& commode. Elles étoient obligées de s'y rendre à dix heures du matin, & d'en fortir dès qu'on fonnoit le (1) *couvre-feu*, c'eft-à dire, à fix heures du foir en hyver, & entre huit & neuf en été : il leur étoit abfolument dé- fendu d'exercer ailleurs, même chez elles. *Celles qui fuivoient la Cour*, difent du Tillet & Pafquier, *étoient tenues, tant que le mois de Mai duroit, de faire le lit du Roi des Ribaults.* Le Pere Daniel prétend que la Charge *de Roi des Ri- baults* étoit confidérable, & qu'il avoit Jurifdiction pour certains points de po- lice dans la Maifon du Roi & dans tout le Royaume.

Les Filles-Dieu * avoient été fon- dé.s dès l'an 1226, *pour retirer des*

Reg. du Chat. Liv. Rouge. an- cien. f. 92.

Du Tillet. p.439.Paf. quier. pag. 720. *Hift de Fr.* T.I.p.1450.

* On ne re- çoit plus dans ces deux Mon- fteies que des files de famille & de vertu.

*P*echereſſes qui toute leur vie avoient abuſé de leurs corps, & à la fin étoient en mendicité. Un Cordelier inſtitua *les fil-les pénitentes*; elles ne furent établies qu'en 1497. Leurs Statuts que Jean-Simon de Champigny, Evêque de Paris, voulut lui-même dreſſer, paroîtront, je crois, aſſez ſinguliers.

On ne recevra aucune Religieuſe mal- *Sauval.* T.I.p.580.
gré elle. Aucune qui n'ait mené, au moins pendant quelque temps, une vie diſſolue; & pour que celles qui ſe préſenteront ne puiſſent pas tromper à cet égard, elles ſeront viſitées en préſence des Meres, ſous-Meres & diſcrettes, par des Matrônes nomm.es exprès & qui feront ſerment ſur les ſaints Evangiles de faire bon & loyal raport.

Afin d'empêcher les filles d'aller ſe proſtituer pour être reçues, celles qu'on aura une fois viſitées & refuſées ſeront ex-clues pour toujours.

En outre les poſtulantes ſeront obligées

de jurer sous peine de leur damnation eternelle, entre les mains de leur Confesseur & de six Religieuses, qu'elles ne s'étoient pas prostituées à dessein d'entrer un jour dans cette Congrégation, & on les avertira que si l'on vient à découvrir qu'elles s'étoient laissées corrompre à cette intention, elles ne seront plus réputées Religieuses de ce Monastere, fussent-elles Professes, & quelques vœux qu'elles ayent faits.

Pour que les femmes de mauvaise vie n'attendent pas trop longtems à se convertir dans l'espérance que la porte leur sera toujours ouverte, on n'en recevra aucune au dessus de trente ans.

Cette Communauté étoit quelquefois assez nombreuse, & l'Histoire parle d'un Saint personage qui prêchoit à cheval dans les carrefours, & qui eut la satisfaction de voir quatre-vingt femmes de mauvaise vie & trois publicains se convertir à un de ses sermons.

Au reste tous les lieux de prostitution publique , (1) après avoir été tolérés pendant près de quatre cens ans , furent abolis par l'article 101 de l'Ordonnance des Etats tenus à Orléans en 1560. Le nombre des filles de joye ne diminua pas , quoique leur profession ne fut plus regardée comme un état , & en leur défendant d'être nulle part , on les obligea de se répandre partout.

Rue du Chaume.

Carles de Blois & le Comte de Montfort se faisoient la guerre pour la succession au Duché de Bretagne. Philippe de Valois, oncle de Charles, fit trancher * la tête à Olivier III du nom, Sire de Clisson, & à quelques autres

* Aux Halles à Paris le 2. Août 1343.

(1) On attribua au Docteur Cayet, sous-Précepteur de Henri IV, *un Mémoire*, présenté au Parlement, *pour prouver la nécessité de les rétablir.*

Remarque sur la Conf. de Sanci. P. 45.

Seigneurs Bretons, fur le foupçon affez leger d'une intelligence avec l'Angleterre & le Comte de Montfort. La * veuve de Cliffon commença par éloigner fecretement fon fils qui n'avoit que douze ans; elle l'envoya à Londres, & dès qu'elle n'eut plus a craindre pour lui, elle vendit fes pierreries, arma trois Vaiffeaux, & courut la Mer, vengeant la mort de fon mari fur tous les François qu'elle rencontroit. Ce nouveau corfaire fit des defcentes en Normandie, y força des Châteaux, & les habitans de cette Province virent plus d'une fois, dans leurs Villages embrafés, une des plus belles femmes de l'Europe, tenant l'épée d'une main & le flambeau de l'autre, preffer le carnage & fixer avec plaifir fes regards fur toutes les horreurs de la guerre. Les premiers exploits du jeune Cliffon, dès qu'il fut en âge de porter les armes, annoncerent ce qu'il feroit un jour. Un coup de lance qui lui créva l'œil à la bataille d'Auray, ne le mit point hors de combat, *& grande merveille étoit de le voir partir comme l'éclair, & son martel en main, abattre & déconfire à droite & à gauche tout ce qu'il atteignoit.* Le gain de cette fameuse bataille qui décida du Duché de Bretagne en faveur du jeune Comte de Monfort, fut en partie dû à sa valeur. Quelque temps après, il se brouilla avec ce Prince qui avoit donné le Château du *Gavre* au fameux Jean Chandos. *Au diable Monseigneur*, lui dit Clisson, *si jamais Anglois sera mon voisin ;* & tout de suite il alla mettre le feu à ce Château & n'y laissa pas pierre sur pierre. Indépendemment de ses prétentions sur *le Gavre*, il avouoit lui-même que quoiqu'élevé parmi les Anglois *, il n'avoit jamais pû vaincre cette antipathie de Nation contre eux, assez ordinaire, pour ne pas dire na-

* Dans la suite, comme il ne leur faisoit jamais de quartier, ils le surnommèrent *le Boucher.*

turelle aux Bretons. Le Roi Charles V ne manqua pas de profiter de fon mé-contentement pour l'attirer à fa Cour. Il lui donna, le 15 Août 1371, une fomme de quatre mille livres pour acheter une maifon à Paris appellée, dit Sauval, *le Grand * Chantier du Temple.* Je crois que ce n'étoit qu'un emplacement où Cliffon fit bâtir fon Hôtel qui fubfifte encore & fait partie de l'Hôtel de Soubife, du côté de cette rue du Chaume.

** D'où vint le nom de la rue du Grand Chantier.*

Froiffard, Hiftorien contemporain, raporte que Charles V, quelques jours avant fa mort, fit appeller les Ducs de Berri, de Bourgogne & de Bourbon, & leur dit : *Mes biaux freres, par l'Ordonnance de la nature, je fens bien & reconnois que je ne puis longuement vivre. Je vous recommande mon fils * Charles ; ufez-en envers lui comme bons oncles doivent en ufer envers leur neveu ; couronnez-le après ma mort le plutôt*

2. Vol. 97.

** Charles VI.*

que

que vous pourrez, & le conseillez dans
ses affaires loyaument ; toute ma confiance est en vous. L'enfant est jeune & de
leger esprit, & aura bien besoin d'être
conduit & gouverné. J'ai eu longtemps
un Astronomien qui disoit & affirmoit
qu'en sa jeunesse il auroit moult affaire,
& échaperoit de grands périls & aven-
tures : sur quoi j'ai moult pensé & réfléchi
comment cela pourroit arriver, si ce n'est
de la partie de Flandres ; car Dieu merci
les besognes de notre Royaume sont en bon
point. Le Duc de Bretagne est moult
cauteleux & divers, & a toujours eu le
cœur plus Anglois que François. Il faut
donc que vous teniez les Nobles de Bretagne & bonnes Villes en amour ; c'est ainsi
que vous pourrez rompre ses ententes. Je
me loüe des Bretons, car toujours ils m'ont
servi loyaument, & aidé à garder
mon Royaume contre mes ennemis. Or
faites le Sire de Clisson Connétable ; car

Tome I. E

tout lien confidéré, je n'y vois nul propre que lui.

La juſtice que ce grand Prince rendoit aux Bretons, leur étoit bien dûe :
les Anglois poſſédoient la Guyenne,
le Périgord, la Xaintonge, le Rouar-
gue, le Limouſin, l'Angoumois, le
Poitou, l'Anjou & le Maine : Dugueſ-
clin, Cliſſon & de Rieux les chaſſerent
de ces Provinces, & à chaque priſe de
Ville ou de Château, on voit toujours
quelques Bretons ſe diſtinguer. A l'é-
gard de leur Duc à qui la France avoit
toujours été contraire, & qui ne devoit
les avantages qu'il avoit remportés ſur
Charles de Blois, qu'aux ſecours que
le Roi d'Angleterre ſon beau-pere lui
avoit envoyés, il étoit aſſez naturel
qu'il eut *le cœur plus Anglois que François* ; mais *on lui rompoit ſes ententes*,
& lorſqu'il fit venir, en 1372, des
troupes Angloiſes dans le Duché, auſſi-
tôt toute la Nobleſſe ſe ſouleva & lui

déclara qu'elle lui avoit juré obéiffance & fidélité , mais qu'elle fe croyoit déliée de fes fermens dès qu'il s'uniffoit avec les ennemis de la France, la patrie commune. On lui fit la guerre, & il fut obligé de fe réfugier à Londres. Il eft vrai que Charles V ayant voulu profiter de la circonftance pour unir le Duché à la Couronne, cette même Nobleffe s'y oppofa & lui repréfenta que la Bretagne n'étoit point originairement un démembrement de la Monarchie ; qu'elle ne pouvoit donc pas être fujette à confifcation ; que les Bretons n'avoient fait la guerre à leur Duc que pour l'obliger à chaffer les Anglois ; qu'ils n'avoient jamais prétendu être en droit de le dépouiller de fon héritage , & que leur foi étoit au contraire engagée à le lui conferver , & à répandre jufqu'à la derniere goute de leur fang pour défendre *le droit du Pays.* On fit des affociations ; on prit des

E ij

mesures si justes ; on rejetta si ignominieusement les insinuations de ces mi-
sérables qui ne se chargent des intérêts
de la Patrie que pour la trahir, & l'on
opposa tant de courage à l'invasion,
que Duguesclin & Clisson à qui le Roi
avoit ordonné d'entrer en Bretagne
avec les troupes Françoises qu'ils com-
mandoient, n'y purent rien éxécuter
de considérable, & n'emporterent que
la honte de s'être rendus l'horreur d'un
Pays qui s'étoit si longtems glorifié de
leur avoir donné la naissance. On voit
par le récit de Froissard, que la fermeté des Bretons ne leur avoit point
fait perdre la bienveillance de Charles
V. Ses derniers ordres en mourant
furent de faire la paix avec eux , à
condition que leur Duc qu'ils avoient
rappellé, renouvelleroit l'hommage à
la France & renonceroit à toute allian-
ce avec l'Angleterre ; ce qui fut éxé-
cuté.

Je finirai cet article par quelques particularités fur *l'Hôtel de Cliſſon.* C'étoit une maiſon, dit Paſquier, dont les Pariſiens firent préſent au Connétable de ce nom, lorſqu'il fut chargé de punir leur ſédition en 1383 : ces *M M* d'or couronnées, ajoute t-il, qu'on voyoit fur les murailles, ſignifioient *miſéricorde*, & on l'appelloit également *l'Hôtel de Cliſſon* ou *l'Hôtel de la Miſéricorde.* Paſquier ſe trompe, puiſque Charles V avoit donné à Cliſſon, dès l'année 1371, une ſomme de quatre mille livres pour acheter cette Maiſon, & ſi on l'appella dans la ſuite *l'Hôtel de la Miſéricorde*, c'eſt que les Pariſiens allerent y crier miſéricorde, & qu'en effet Cliſſon intercéda pour eux & ſe mit, dans la Cour du Palais, aux genoux du Roi pour obtenir leur grace, comme le raportent tous les Hiſtoriens. A l'égard des *M M* d'or couronnées, c'étoit fur les Maiſons un

Hiſtoire généalogique de France. T. VI.

E iij

ornement militaire , & qui figuroit certain coutelas apelié *miséricorde*, dont fe
fervoient les anciens Chevaliers & qu'ils
préfentoient à la gorge de leurs ennemis
lorfqu'ils les avoient terraffés. François
de Guife, acheta *l'Hôtel de Cliffon* qui
devint donc *l'Hôtel de Guife* ; & fon
fils Henri , furnommé le Balafré, qui
voulut faire tonfurer Henri III , & qui
fut tué à Blois avec fon frere le Cardinal , y demeuroit. Se promenant un
jour dans une galerie où Cliffon avoit
fait peindre les principales actions de
fa vie & de celle de Bertrand Duguefclin , *je regarde toujours avec plaifir*,
dit-il , *ce Duguefclin ; il eut la gloire
de détrôner un * Tyran. Ce Tyran n'étoit
pas fon Roi*, lui répondit fierement
le Sénéchal * , fils de ce *Jean le Sénéchal*, Gentilhomme de la Chambre,
qui voyant , à la bataille de Pavie ,
un Arquebufier qui alloit tirer fur
François I , fe précipita au-devant

du coup , & fut tué. *François de Rohan Soubife* acheta , en 1697 , l Hôtel de Guife , & y fit faire p'ufieurs augmentations & embelliffemens , entr'autres le periftille de colomnes couplées autour de la cour.

RUE * DE LA CULTURE ou COULTURE STE. CATHERINE.

Le Duc d'Orléans , frere de Charles VI , étoit fort amoureux d'une Juive qu'il alloit voir fecrettement. Ayant eu des raifons de foupçonner que Pierre de Crâon Seigneur de Sablé & de la Ferté-Bernard , fon Chambe lan & fon favori, avoit plaifanté de cette intrigue avec la Ducheffe d'Orléans fa femme, il le chaffa honteufement de fa Maifon. Crâon imputa en partie fa difgrace au Connétable de Cliffon. La nuit du 13 au 14 Juin 1391, l'ayant attendu au coin de cette

* *Culture* ou terrain *cultivé* , apartenant aux Religieux de Ste Catherine. Voyez ci-deffus, pag. 17.

rue Coulture Sainte Catherine, & le voyant venir peu accompagné, il fondit sur lui à la tête d'une vingtaine de scélérats. Clisson après s'être défendu assez longtems, quoiqu'il n'eut qu'un petit Coutelas, tomba de cheval percé de trois coups, & donna de la tête dans une porte qui s'ouvrit. Le bruit de cet assassinat parvint aussitôt aux oreilles du Roi qui s'alloit mettre au lit : *il se vêtit d'une houpelande ; on lui bouta ses souliers ès pieds, & il courut à l'endroit où on disoit que son Connétable venoit d'être occis.* Il le trouva dans la Boutique d'un Boulanger, baigné dans son sang. Après qu'on eut visité ses blessures, qui n'étoient * pas dangereuses, *Connétable, lui dit-il, oncques chose ne fut telle ni ne sera si fort amandée.* On prétendit que Clisson avoit fait le lendemain son Testament, & l'on se récria beaucoup sur la somme de dix-sept cent mille livres à laquelle

* Il n'en mourut pas.

il montoit. Il faut obferver que depuis vingt-cinq ans qu'il s'étoit attaché à la France, il avoit cherché & battu par-tout les Anglois ; qu'il avoit gagné la fameufe bataille de Rofebeque, & châtié les Flamands ; qu'il jouiffoit depuis douze ans des gages & apointemens de Connétable, & que d'ailleurs il étoit très riche en Terres, Domaines & Châteaux dont il avoit hérité de fes ancêtres en Bretagne & dans le Poitou ; mais de tout temps on a trouvé mauvais qu'un Général ou un Miniftre, quelques fervices qu'il ait rendus à l'Etat, laiffe une certaine fortune, qui cependant eft prefque toujours moins confidérable que celle d'un particulier qui aura bien voulu fe charger pendant une vingtaine d'années de la perception d'une partie des revenus du Roi.

E v

Cimetiere Saint Jean.

* Il defcendoit de *Renaud* Comte de Nevers & d'Auxerre, & d'*Adelle* de France, fille du Roi Robert. Il y a long-tems que cette maifon eft éteinte.

Les biens de Pierre de * Crâon furent confifqués, fon Hôtel fut démoli, & l'emplacement fut donné pour fervir de Cimetiere à la paroiſſe de S. Jean : on a changé depuis ce Cimetiere en Marché. Il obtint fa grace en 1395, à la priere du Roi d'Angleterre, & devint dévôt. Il paroît qu'en s'enfuyant après fon affaffinat, il avoit eu bien peur d'être pris & de mourir fans Confeffion, & qu'il s'en reſſouvint très chrétiennement lorſqu'il fut revenu à la Cour ; car il follicita vivement au-

* Charles VI.

près du * Roi, & obtint enfin une Déclaration, en date du 12 Février 1396, par laquelle on aboliſſoit la coutume de refufer des Confeffeurs aux criminels condamnés à mort. Sous le regne précédent, Philippe de Maizieres auffi pitoyable que Crâon pour les fcélérats, avoit inutilement follicité une pareille déclaration. *Le Chef du conseil*, dit-il lui-même dans un de ses ouvrages, *se trouva si obstiné & si entêté à l'encontre, & aucuns autres du conseil, qu'on auroit plutôt fait retourner la roüe d'un moulin, que-cet endurci à changer d'opinion.* Le Chancelier, & *ces aucuns autres du conseil*, croyoient sans doute, & avoient raison, que le refus de la confession étoit une barriere de plus contre le crime.

Le songe du vieil pelerin. liv. 3. chap. 68.

Je remarque que dans ces siécles où les lettres n'avoient pas encore adouci les mœurs, l'éxécution des Criminels devenoit un spectacle qu'on donnoit avec une sorte d'apareil, & souvent les jours de fêtes. En les menant au lieu du suplice, (c'étoit ordinairement Montfaucon), on leur faisoit faire des pauses à quelques endroits, & une entr'autres dans la Cour des *Filles-Dieu*, où on leur servoit un verre de vin & trois mor-

E vj

ceaux de pain beni ; on appelloit cette collation *le dernier morceau du Patient* : s'il mangeoit avec un certain apé-tit, c'étoit un bon augure pour fon ame.

Le Duc de Nemours (Jacques d'Armagnac) dont j'ai déja * parlé & qui eut la tête tranchée aux Halles le 4 Août 1477, y fut conduit de la Baftille, monté fur un cheval capa-raçonné de drap noir. On avoit tapiffé de ferge * *perfe* les chambres du Marché au poiffon où il devoit fe re-pofer ; on les avoit arrofées de vinai-gre, & on y avoit brûlé du geniévre, pour y diffiper l'odeur de marée. Tandis qu'il fe confeffoit, on fervit à fes Commiffaires *douze pintes de vin, du pain blanc & des poires.* Il fut enfuite conduit à l'échafaut par une galerie faite exprès ; on avoit eu l'attention de rembourer le carreau où il fe mit à genoux ; le Bourreau après lui avoir

** Voyez p. 76.*

** Couleur entre le vert & le bleu.*

Reg. du Parlement.

Compte du Domaine de Paris. 1478.

tranché la tête & l'avoir plongée dans un baril plein d'eau, la montra au peuple. Cent-cinquante Cordeliers avec des torches allumées, vinrent terminer ce triste spectacle ; on portoit devant eux un cercueil découvert ; on y mit la tête & le corps du malheureux Duc de Nemours ; on leur donna l'argent pour l'inhumer, & ils s'en retournerent en chantant.

RUE * COQUETIERE OU COQUILLIERE.

En 1684, M. Berrier faisant faire quelques réparations à sa maison si- tuée presqu'au bout de cette rue du côté de S. Eustache, on trouva en creusant la terre dans le jardin, à deux toises de profondeur, les fondemens d'un ancien édifice, & dans les ruines d'une vieille tour, une tête de bronze

*Des Coquetiers qui y tenoient leur marché, ou plus surement de Pierre Coquillier Bourgeois de Paris, qui vivoit en 1269.

antique, un peu plus groſſe que le
naturel. Etoit-ce une tête d'*Iſis* ou *de*
Cybele ou de la *Déeſſe* * *Lutece ?* C'eſt
ſur quoi les Sçavans ne ſont pas d'accord. La tour crenellée, à ſix faces,
dont elle étoit couronnée, ſymbole
ordinaire de *Cybele*, a paru à Moreau
de Mautour une preuve convainquante
que c'étoit une tête de cette Déeſſe.
Il eſt certain que *Cybele* étoit en grande
vénération dans les Gaules. Dès qu'on
craignoit pour la récolte, on mettoit
ſa ſtatue ſur un char tiré par des bœufs;
on la promenoit autour des champs &
des vignes; le peuple précédoit le char
en chantant & en danſant; les principaux Magiſtrats le ſuivoient pieds
nuds. Un ſçavant Religieux remarque
que le culte de *Cybele* exigeoit dans
ceux qui vouloient s'y conſacrer, la
vocation la plus décidée pour la Prê-
triſe; il falloit lui ſacrifier ſon ſexe;

* On déi-
fioit lesVil-
les comme
les Hom-
mes.

le génie, le naturel, & le tempérament Relig. des Gaules. T.I. *des Gaulois, leur inspiroient , dit-il ,* p. 236. *un éloignement invincible pour une mutilation si déshonorante :* on étoit obligé de faire venir ces Prêtres de Phrigie, comme on fait venir aujourd'hui d'Italie certains Chantres à voix claire.

RUE DES CORDELIERS.

En 1502, Gilles Dauphin leur Général , en considération des bienfaits que son Ordre avoit reçus de Messieurs du Parlement de Paris, envoya aux Présidens, Conseillers & Greffiers la permission de se faire enterrer en habit de Cordelier. En 1503 , il gratifia d'un semblable brevet le Prévôt des Marchands & Echevins & les principaux Officiers de la Ville. Il ne faut pas regarder cette permission comme une simple politesse, s'il est vrai que

S. François fait régulierement chaque année une deſcente en purgatoire pour en tirer les ames de ceux qui ſont morts dans l'habit de ſon Ordre.

L'Etoile rapporte dans ſes Mémoires pour ſervir à l'Hiſtoire de France (année 1577) " qu'une fille fort belle &
» déguiſée en homme & qui ſe faiſoit
» appeller *Antoine*, fut découverte &
» priſe dans le Couvent des Cordeliers.
» Elle ſervoit entr'autres, Frere *Jac--
» ques Berſon* qu'on appelloit l'enfant de
» Paris & le Cordelier aux belles mains.
» Ces Reverends Peres diſoient tous
» qu'ils croyoient que c'étoit un vrai
» garçon ; on s'en raporta a leur con-
» ſcience. Quant à cette fille garçon,
» elle en fut quitte pour le fouet, qui
» fut grand domage à la chaſteté de
» cette honnête perſonne qui ſe diſoit
» mariée, & qui par dévotion avoit
» ſervi dix ou douze ans ces bons

" Religieux, fans jamais avoir été in-
" téreffée en fon honneur. " Les femmes ont quelquefois des dévotions fi
finguliéres ! Peut-être auffi croyoit-elle
s'éviter après la mort un long féjour
en Purgatoire.

Rue Sainte Croix
de la Bretonnerie.

Sous le régne de S. Louis, il n'y
avoit encore dans ce quartier que quelques maifons éparfes & éloignées les
unes des autres. Renaud de Brehan,
Vicomte de Podoure & de l'Ifle, occupoit une de ces maifons. Il avoit époufé,
en 1225, la fille de Leolyn Prince de
Galles, & étoit venu à Paris pour
quelque négociation fecrette contre
l'Angleterre. La nuit du Vendredi
au Samedi Saint 1228, cinq Anglois
entrerent dans *fon vergier*, le défierent

& l'infulterent. Il n'avoit avec lui qu'un Chapelain & un Domeftique : ils le feconderent fi bien, que trois de ces Anglois furent tués ; les deux autres s'enfuirent ; le Chapelain mourut le lendemain de fes bleffures. Brehan avant que de partir de Paris, acheta cette maifon & *le vergier*, & les donna à fon brave & fidele Domeftique, appellé *Galleran*. Le nom *de Champs aux Bretons* qu'on donna au verger, ou jardin, à l'occafion de ce combat, devint le nom de toute la rue; on l'appelloit encore à la fin du treiziéme fiécle *la rue du Champs aux Bretons*.

Rue et Porte Saint Denis.

C'étoit par cette porte que les Rois & les Reines faifoient leurs entrées. Toutes les rues fur leur paffage juf-qu'à Notre - Dame, étoient tapiffées

& ordinairement couvertes enhaut avec
des étoffes de foye & des draps *camelotés.*
Des jets d'eaux de fenteur parfumoient
l'air : le vin , l'hipocras & le lait
couloient de différentes fontaines. Les
Députés des fix Corps de Marchands
portoient le dais : les Corps de Mé-
tiers fu voient , repréfentant en habits
de caractère *les fept péchés mortels ; les* *Monftrelet.*
fept vertus , foi, efpérance , charité , jufti-
ce , prudence , force & tempérance ; la
mort, le purgatoire , l'enfer & le para-
dis , le tout monté fuperbement. Il y
avoit de diftance en diftance des théâtres
où des Acteurs pantomines mêlés avec
des chœurs de mufique , repréfen-
toient des hiftoires de l'ancien & du
nouveau Teftament : *le facrifice d'A-*
braham ; le combat de David contre
Goliat ; l'Anefse de Balaam prenant la *Jean Chenu.*
parole pour faire entendre raifon à ce
Prophete , des troupeaux dans un bo-
cage avec leurs Bergers à qui l'Ange

annonçoit la naiſſance de Notre Seigneur, & qui chantoient le Gloria in excelſis Deo, &c.

Froiſſard dit qu'à l'entrée d'Iſabeau de Baviere, il y avoit * à la porte aux Peintres, rue S. Denis, *un ciel nué & étoilé très-richement, & Dieu par figure ſéant en ſa majeſté, le Pere, le Fils & le Saint-Eſprit; & dans ce ciel, petits enfans de chœur chantoient moult doucement en forme d'Anges; & lorſque la Reine paſſa dans ſa litiere découverte ſous la Porte de ce Paradis, deux Anges deſcendirent d'enhaut, tenant en leurs mains une très riche couronne d'or garnie de pierres précieuſes, & la mirent moult doucement ſur le chef de la Reine, en chantant ces vers:*

* Elle étoit ſituée preſque vis-à-vis de la rue du Petit Lion.

> Dame encloſe entre fleurs de lys,
> Reine êtes-vous de Paradis,
> De France, & de tout le Pays:
> Nous remontons en Paradis.

A l'occasion de cette entrée, Jean Juvenal des Urfins raconte que Charles VI voulut la voir, & qu'il dit à Savoisi son favori : *Savoisi, je te prie que tu montes sur mon bon cheval & je monterai derriere toi, & nous nous habillerons de façon qu'on ne nous cognoisse point & irons voir l'entrée de ma femme.... & allerent donc par la ville en divers lieux, & s'avancerent pour venir au Châtelet à l'heure que la Reine passoit, où il y avoit moult de peuple & grande presse, & foison de Sergens à grosses boulaies, lesquels pour empêcher la presse, frappoient de côté & d'autre de leurs boulaies bien & fort ; & le Roi & Savoisi tâchoient toujours d'aprocher ; & les Sergens qui ne cognoissoient point le Roi ni Savoisi, frapoient de leurs boulaies dessus, & en eut le Roi plusieurs horions sur les épaules bien assis ; & au soir en la présence des Dames & Demoi-*

felles fut la chofe recitée, & on commença à en bien farcer, & le Roi même fe farçoit des horions qu'il avoit reçus.

Le lendemain les Bourgeois de Paris, fuivant l'ufage , porterent à Charles VI de magnifiques préfens , & s'étant mis à genoux, lui dirent : *Très-chier & noble Sire, vos Bourgeois de la Ville de Paris vous prefentent ces joyaux :* c'étoient des vafes d'or. *Gran'merci , bonnes gens , leur répondit-il, ils font biaux & riches.* Ils allerent enfuite chez la Reine à qui un *Ours* & une *Licorne* préfenterent de leur part des préfens encore plus riches. Dans ces temps-là rien ne paroiffoit fi ingénieux que ces mafcarades, & ce n'eft pas la premiere & la derniere cérémonie où les Villes ont choifi des animaux pour leurs députés.

A l'entrée de Louis XI, en 1461 ; on imagina un fpectacle très-agréable.

Devant la Fontaine du Ponceau, étoient
Plufieurs belles filles en Sirenes, toutes
nues lefquelles en faifant voir leur beau
fein, chantoient de petits motets & Ber-
gerettes. Il paroît qu'à l'entrée de la
Reine Anne de Bretagne, on pouffa
l'attention jufqu'à placer de diftance en
diftance de petites troupes de dix ou
douze perfonnes avec des pots-de chambre pour les Dames & Demoifelles du
cortége qui fe trouveroient preffées de
quelque befoin. J'oubliois de dire qu'a-
lors à toutes ces cérémonies, le cri de
joye & d'acclamation n'étoit pas *vive le*
Roi, mais *Noël, Noël.*

Malingre.
pag. 208.

R U E D E S P R E S T R E S

DE LA DOCTRINE CHRÉTIENNE,

Fauxbourg S. Victor.

Leur maifon & cette rue occupent
un terrain qu'on appelloit *le Clos des*

Arenes, parce que (1) Chilperic I, y avoit fait bâtir un Cirque en 577. Perſonne n'ignore que le Cirque chez

---

(1) Chilperic dont on ne parle guéres qu'à l'occaſion de ſa femme Fredegonde, étoit un Monarque fort ſingulier, ſi le portrait que nous en a laiſſé Grégoire de Tours eſt fidele. Il ſe croyoit un grand Théologien, & voulut faire publier un édit par lequel il défendoit de ſe ſervir à l'avenir du terme de *Trinité* & de celui de *perſonnes* en parlant de Dieu, diſant que le mot de *perſonnes* dont on uſe en parlant des hommes, dégradoit la Majeſté divine. Il ſe piquoit auſſi d'être Poëte, & très-habile Grammairien. Il ajoûta aux lettres dont on ſe ſervoit de ſon tems, quatre caractères pour exprimer par un ſeul, certaines prononciations dont chacune avoit beſoin de plus d'une lettre. Ces additions étoient l'ω des Grecs, Ψ, Z, Π. Il envoya ordre dans toutes les Provinces de corriger les anciens livres, conformément à cette ortographe, & de l'enſeigner aux enfans. L'ancienne orthographe eut ſes martyrs, & deux Maîtres d'école aimerent mieux ſe laiſſer * *eſſoriller*, que d'accepter la nouvelle, qui ne fut en uſage que pendant la vie de ce Prince.

Gregor Turon. hiſt.

Ibidem.

* Couper les oreilles:

les

les anciens Romains, étoit un lieu des-
tiné pour les jeux publics, & particulierement pour les courſes de chevaux
& de chariots. *L'Arene* étoit la partie
du Cirque où ſe faiſoient les combats
de Gladiateurs, & ceux de bêtes féroces. Pepin le Bref ſe plaiſoit beaucoup à faire battre des taureaux contre
des lions. Philippe de Valois acheta
près du Louvre, rue Froidmanteau,
une Grange pour y mettre ſes lions,
ſes ours & ſes taureaux. Il y avoit à
l'Hôtel S. Paul la tour des lions *,
à l'endroit même où eſt aujourd'hui
la rue de ce nom. L'Etoile raporte
(année 1583) « que Henri III après
» avoir fait ſes Pâques & dévotions au
» Couvent des Bons-Hommes , s'en
» revint au Louvre, & qu'il y fit tuer à
» coups d'arquebuſe les lions, ours, tau-
» reaux, & ſemblables bêtes qu'il avoit
» coutume de nourir pour combattre

* Voyez rue des Lions.

Tome I. F

» contre les dogues , & ce à l'occasion
» d'un songe par lequel il lui avoit sem-
» blé que des lions, ours & dogues
» le dévoroient : songe qui sembloit
» présager que les bêtes furieuses de
» la Ligue se rueroient sur ce pauvre
» Prince & sur son peuple. »

Nos mœurs ne nous font plus trouver de plaisir à regarder des animaux se déchirer, & si nos Princes ont des tigres & des lions dans leurs Ménageries, c'est pour la rareté. Sans aimer à voir répandre le sang , nous sommes certainement aussi braves que les Romains

Rue de la vieille Draperie.

Au coin de cette rue étoit la Maison du pere de cet exécrable Jean Châtel qui attenta sur la personne de Henri IV, & le blessa d'un coup de couteau à la lévre fupérieure , le Mardi 27 Décembre 1594. L'efpace qu'occupoit cette Maifon, qui fut rafée, forme cette petite place qui eft devant la grande porte du Palais. On y avoit élevé une pyramide avec des infcriptions : elle fut abattue en 1605.

Extrait d'une Lettre de Henri IV, écrite à différentes Villes auffitôt aprés cet attentat.

» Il n'y avoit pas plus d'une heure » que nous étions arrivé à Paris du » retour de notre voyage de Picardie, » & étions encore tout botté, qu'ayant » autour de nous nos coufins le Prince » de Conti , Comte de Soiffons & » Comte de S. Paul , & plus de trente » ou quarante des principaux Seigneurs » & Gentilshommes de notre Cour ; » comme nous recevions les Sieurs de

» Ragni & de Montigni qui ne nous
» avoient pas encore falué, un jeune
» garçon nommé Jean Châtel, fort
» petit & âgé au plus de dix-huit à dix-
» neuf ans, s'étant gliffé avec la troupe
» dans la chambre, s'avança fans être
» quafi aperçû, & nous penfant donner
» dans le corps du couteau qu'il avoit,
» le coup (parce que nous nous étions
» baiffé pour relever lefdits fieurs de
» Ragni & de Montigni qui nous fa-
» luoient) ne nous a porté que dans la
» lévre fupérieure du côté droit , &
» nous a entamé & coupé une dent...
» Il y a, Dieu merci, fi peu de mal que
» pour cela nous ne nous mettrons pas
» au lit de meilleure heure... »

Il paroît par un article des interrogatoires de Jean Châtel, que le Prévôt de l'Hôtel, lorfqu'il l'eût arrêté &
fait fouiller, ne douta point que ce
ne fut un Emiffaire armé de toutes piéces par le fanatifme.

« Enquis qui lui a baillé l'*Agnus*
» *Dei*, la chemise Notre - Dame &
» tous les chapelets qu'il a autour du
» cou, & si ce n'étoit pas pour lui per-
» suader d'assassiner le Roi sous l'assu-
» rance qu'il seroit invulnérable, &
» qu'on ne pourroit lui faire aucun
» mal.

» A dit que sa mere lui avoit baillé
» l'*Agnus Dei* & la chemise Notre-
» Dame, & quant aux chapelets, les
» avoir lui-même enfilés. »

Il y eut quelques présomptions contre
son pere : sa mere & ses sœurs étoient
très-innocentes. Il soutint à la question
ordinaire & extraordinaire, & jusqu'à la mort, qu'il n'avoit communiqué son dessein à personne, & *qu'il*
avoit entrepris ce coup de son propre
mouvement.

» Enquis pourquoi il a voulu tuer
» le Roi.

Journal de
Henri IV.
ann. 1594.

Premiere
Interrogat.
devant le
Prevôt de
l'Hôtel.

» A dit que pour expier ſes péchés,
» il avoit cru qu'il falloit qu'il fit quel-
» qu'acte ſignalé & utile à la Religion
» Catholique , Apoſtolique & Ro-
» maine , & y ayant failli, le feroit en-
» core s'il pouvoit.

» Enquis de nouveau par qui il a
» été perſuadé de tuer le Roi.

» A dit avoir entendu dire en plu-
» ſieurs lieux qu'il falloit tenir pour
» maxime véritable qu'il étoit loiſible
» de tuer le Roi , dès qu'il nétoit pas
» aprouvé par le Pape , & que cette
» doctrine étoit commune. »

Le malheureux ne diſoit que trop
vrai ; il n'y avoit pas encore un an
que la plûpart des Eccléſiaſtiques &
preſque tous les Religieux , l'enſei-
gnoient en chaire , dans le confeſſional
& dans leurs thèſes.

Le ſieur de Piganiol qui n'a fait que
tranſcrire mot à mot les antiquités de

Paris par Sauval, dit *que Henri IV fut bleſſé par Jean Châtel dans la cour de l'Hôtel * du Bouchage qu'on appelloit alors l'Hôtel d'Eſtrées, & où demeuroit la belle Gabrielle.* Il eſt prouvé par toute la procédure que ce fut dans une des ſalles du Louvre. D'ailleurs jamais l'Hôtel du Bouchage n'a été appellé l'Hôtel d'Eſtrées, & Gabrielle d'Eſ-trées demeuroit dans ce temps - là à l'Hôtel de *Schomberg* qui ſubſiſte en-core dans la rue Bailleul, derriere cet Hôtel d'*Aligre* où le Grand Conſeil a tenu long-temps ſes ſéances.

* A préſent les Peres de l'Oratoire.

R*ue* *des* E*criv*ains.

La Maiſon où demeuroit *Nicolas Flamel*, fait le coin de cette rue & de la rue *Marivault*. On y voit encore ſur un des gros jambages, ſa figure, à ce que l'on dit, & celle de *Pernelle* fa femme, avec des infcriptions gothiques & de prétendus hiéroglyphes. L'hiftoire de cet homme eft finguliere. Il étoit né fans bien, de parens obfcurs, & fa profeffion *d'Ecrivain* ne l'avoit pas mis à portée d'acquerir de grandes richeffes. On le vit tout à coup, par fes libéralités, décéler une fortune immenfe. L'ufage qu'il en fit eft bien rare : il fut riche pour les malheureux. Un honnête famille tombée dans l'indigence, une fille que la mifere auroit peut-être entraînée dans le défordre, le Marchand & l'Ouvrier chargés d'enfans, la Veuve & l'Orphelin, étoient les objets de fa magnificence. Il fonda des Hôpitaux, répara quelques Eglifes, & rebâtit en partie celle des Innocents. *Naudé* attribue les richeffes de *Flamel* à la connoiffance qu'il avoit des affaires des Juifs, & ajoute que lorfqu'ils furent chaffés de France en 1394, &

que leurs biens furent acquis au Roi,
Flamel traita avec leurs débiteurs pour
la moitié de ce qu'ils devoient, & leur
promit de ne les pas dénoncer. *Naudé*,
& *Piganiol* qui le cite, n'auroient pas
avancé un fait auſſi faux, s'ils avoient
lû les déclarations de Charles VI à
l'occaſion du banniſſement des Juifs.
La premiere du 17 Septembre 1394
porte, que quoiqu'il les exile à per-
pétuité, il n'entend pas que leurs perſonnes ſoient maltraitées ni leurs biens
pillés ; en outre il enjoint à ceux qui
leur doivent, de les payer dans un mois,
à peine de perdre leurs gages, & à ceux
qui ne leur ont point donné de gages,
de ſatisfaire à leurs obligations & de
les retirer avant le terme expiré. Par
une autre déclaration du 2 Mars 1395,
quatre mois après leur ſortie du Royaume, il défend déſormais à tous débiteurs des Juifs de leur rien payer, &

F v

fait ceſſer tous procès commencés pour telle raiſon , avec ordre d'ouvrir les priſons à ceux qui y étoient détenus ; & pour finir entierement à cet égard , par une derniere déclaration du 30 Janvier 1397 , il ordonne au Prévôt de Paris de brûler & déchirer toutes les obligations faites aux Juifs.

On voit par ces Ordonnances , que puiſque le Roi déchargeoit lui même ſes Sujets de toutes dettes contractées avec ces infâmes Uſuriers , *Flamel* ne put pas s'enrichir en menaçant leurs Débiteurs de les dénoncer.

Pluſieurs curieux ayant fait fouiller la terre dans les caves de ſa maiſon , y ont trouvé , dans différens endroits , des urnes , des phioles , des matras , du charbon , & dans des pots de grès une certaine matiere minérale , calcinée & groſſe comme des pois. On ne ſçait pas poſitivement s'il fut enterré à Saint

Jacques de la Boucherie, ou fous les
Charniers des Innocens. *Paul Lucas*
femble même douter qu'il foit mort ;
il raporte fort férieufement qu'étant en
Afie, il fit connoiffance avec un Dervis qui parloit toutes les langues, &
qui ne paroiffoit avoir que trente ans,
quoiqu'il eût déja vêcu plus d'un fiécle.
» Ce Dervis, dit-il, me raconta que
» *Flamel* perfuadé qu'on l'arrêteroit,
» s'il paffoit pour avoir la pierre phi-
» lofophale, trouva le moyen de for-
» tir de France, en faifant publier fa
» mort & celle de fa femme. Elle feignit
» une maladie qui eut fon cours, &
» lorfqu'on l'a dit morte, elle étoit près
» de la Suiffe, où elle avoit ordre de
» l'attendre. On enterra pour elle un
» morceau de bois, & pour ne pas man-
» quer au cérémonial, ce fut dans une
» des Eglifes qu'elle avoit fait rebâtir.
» Enfuite il eut recours pour lui-même
» à un femblable ftratagême. Comme

Voyage de
Paul Lucas
dans l'Afie
mineure.
Ch. 12. T. I.

F vj

» l'on fait tout pour de l'argent, il n'eut
» pas de peine à gagner les Médecins
» & les gens d'Eglife. Il laiffa un Tefta-
» ment dans les formes, où il recom-
» mandoit avec foin qu'on l'enterrât avec
» fa femme, & qu'on élevât une pira-
» mide fur leur fépulture. Pendant que
» ce fage étoit en chemin pour rejoin-
» dre fon époufe, un fecond morceau
» de bois fut enterré a fa place. Depuis
» ce temps-là ils ont mené tous les deux
» une vie philofophique, tantôt dans
» un Pays, tantôt dans un autre. Je
» fuis leur intime ami, & il n'y a que
» trois ans que je les ai laiffés aux
» Indes. »

Paul Lucas étoit penfionné de Louis
XIV, & voyageoit par fon ordre:
de pareilles rêveries que l'on trouve
affez fréquemment dans fon livre, ne
font pas trop d'honneur au Miniftre
qui l'avoit choifi & préfenté.

RUE D'ENFER.
près le Luxembourg.

S. Louis fut ſi édifié au récit qu'on lui faiſoit de la vie auſtére & ſilencieuſe des Diſciples de S. Bruno, qu'il en fit venir ſix, & leur donna une maiſon avec des jardins & des vignes au Village de Gentilli. Ces Religieux voyoient de leurs fenêtres le Palais de *Vauvert*, bâti par le Roi Robert, abandonné par ſes ſucceſſeurs, & dont on pouvoit faire un Monaſtere commode & agréable par la proximité de Paris. Le hazard voulut que des eſprits ou *revenans* s'aviſerent de s'emparer de ce vieux Château. On y entendoit des hurlemens affreux. On y voyoit des Spectres traînant des chaînes, & entr'autres un monſtre vert avec une grande barbe blanche, moitié homme & moitié ſerpent, armé d'une groſſe maſſue, & qui ſembloit toujours prêt à s'élancer la nuit fur les paffants. Que faire d'un pareil Château ? Les Chartreux le demanderent à S. Louis ; il le leur donna avec toutes les apartenances & dépendances. Les *revenans* n'y revinrent plus ; le nom *d'enfer* refta feulement à la rue en mémoire de tout le tapage que les Diables y avoient fait.

Quelques Etymologiftes prétendent que la rue S. Jacques s'appelloit anciennement *via fuperior*, & celle-ci, parce qu'elle eft plus baffe, *via inferior* ou *infera*, d'où lui vint dans la fuite le nom *d'enfer* par corruption & contraction de mot. D'autres difent que les gueux, les filoux & les gens fans aveu fe retirant ordinairement dans les rues écartées, on donnoit le nom *d'enfer* à ces rues à caufe des cris, des juremens, des querelles & du bruit qu'on y entendoit fans ceffe.

S. E*tienne-du-*Mont.

Le Curé de cette Paroiffe s'étant plaint que le nommé *Michau*, un de fes paroiffiens, l'avoit fait attendre jufqu'à minuit pour *la Bénédiction du Lit nuptial*, Pierre de Gondi Evêque de Paris ordonna qu'à l'avenir cette cérémonie fe feroit de jour, ou du-moins avant fouper. Autrefois les nouveaux mariés ne pouvoient pas s'aller mettre au lit qu'il n'eût été béni ; c'étoit un petit droit de plus pour les Curés, à qui l'on devoit auffi ce qu'on appelloit *les plats de Nôces*, c'eft-à-dire leur dîner en argent, ou en efpéces.

Les Curés de Picardie étoient gênants : ils prétendoient que les nouveaux mariés ne pouvoient pas, fans leur permiffion, coucher enfemble les trois premiéres nuits de leurs nôces. Il intervint arrêt, le 19 Mars 1409, portant *défenses à l'Evêque d'Amiens & aux Curés de ladite ville, de prendre ni exiger argent des nouveaux mariés, pour leur donner congé de coucher avec leurs femmes la premiere, la seconde & la troisiéme nuit de leurs Nôces, & fut dit que chacun desdits habitans pouroit coucher avec son epousée sans la permission de l'Evêque & de ses Officiers.* Nous ne pouvons vendre que ce qui nous apartient : les Curés croyoient-ils, comme certains Prêtres des Indes, que ces trois premieres nuits leur apartenoient ?

On ne marioit les grands comme les petits, qu'à la porte de l'Eglise. En 1559, lorsqu'Elisabeth de France, fille de Henri II, épousa Philippe II Roi d'Espagne, Eustache du Bellay, Evêque de Paris, alla à la porte de Notre-Dame, & *se fit*, dit le cérémonial François, *la célébration des épousailles audit portail, selon la coutume de notre Mere Sainte Eglise.* Aparemment qu'on trouvoit alors indécent de donner dans l'Eglife même la permiffion à un homme & à une femme d'aller coucher enfemble.

* A l'occafion du mariage de Charles VI avec Ifabeau de Baviere, Froiffard raporte *que la fiancée d'un Roi de France, quelque dame ou fille de haut Seigneur qu'elle foit, doit être regardée & avifée toute nuë par les Dames, pour fçavoir fi elle eft propre & formée pour porter enfans.*

RUE DE LA * FERONNERIE.

Le Vendredi 14 Mai 1610, environ les quatre heures de l'après-midi, un embarras de deux charettes ayant obligé le caroffe de Henri IV (1) de s'arrêter

* Ainfi nommé des Marchands de feraille, *Ferronariï.*

(1) Il alloit à l'Arfenal, & avoit fait lever les mantelets parce qu'il faifoit beau, & qu'il vouloit voir les préparatifs pour l'entrée de la Reine.

vers le milieu de cette rue qui étoit alors très-étroite, Ravaillac qui l'avoit suivi depuis le Louvre, monta fur un des rais d'une roue de derriere, & d'un premier, & d'un fecond coup de couteau, affaffina ce Prince, qui expira dans l'inftant. *Chofe furprenante* dit l'Etoille, *nul des Seigneurs qui étoient dans le caroffe ne l'a vû fraper le Roi, & fi ce monftre* (1) *eut jetté fon couteau, on n'eut fçû à qui s'en prendre.* Henri IV lifoit une lettre du Comte de Soiffons ; le Duc d'Epernon étoit à fa droite dans le fond du caroffe ; les Maréchaux de Lavardin & de Roquelaure étoient à la portiere du côté du Duc d'Epernon ; à l'autre portiére du côté du Roi, étoient le Duc de Monbazon & le Marquis de la Force, &

(1) Lorfqu'on l'eut arrêté, dit Pierre Mathieu, on vit venir fept ou huit hommes l'epée à la main qui difoient tout haut qu'il falloit le tuer, mais ils fe cacherent auffitôt dans la foule.

fur le devant du caroffe, les Marquis de Mirebeau & du Pleffis Liancourt. Nicolas Pafquier rapporte qu'un diable apparut à Ravaillac, & lui dit : *vas, frappe hardiment, tu les trouveras tous aveuglés.* Ce diable pouvoit bien être un de ces fept ou huit hommes qui vinrent l'épée à là main après qu'on l'eût arrêté, & qui voulurent le tuer.

Lettre pre-miere.

Je n'entrerai pas dans des détails & dans un amas de circonftances qui ne finiroient point & que peu de perfonnes ignorent ; je dirai feulement ce que je penfe fur le caractére des deux fcélérats, dont les mains parricides s'armérent contre un de nos meilleurs & de nos plus grands Rois. Jean Châtel âgé de dix-huit à dix-neuf ans, après avoir étudié chez les Jefuites, faifoit fon cours de Philofophie à l'Univerfité ; fon pere étoit un riche marchand qui ne le laiffoit manquer de rien. On

voit par ſes interrogatoires un malheureux ferme dans ſes abominables prin-
cipes ; ſimple , vrai , toujours égal
dans ſes réponſes ; un véritable fanati-
que qui n'eſt point étonné à l'aſpect
de ſes Juges, qui ſe regarde comme
un martyr, & les ſuplices & ſon crime
comme l'expiation de ſes péchés. Après
qu'on l'eut ôté de la torture , *je m'ac-
cuſe* , dit humblement ce monſtre à ſon
Confeſſeur, *de quelqu'impatience dans
mes tourmens ; je prie Dieu de me le
pardonner , & de pardonner à mes per-
ſécuteurs.*

Ravaillac âgé d'environ trente deux
ans , étoit pauvre , ſe vantoit d'avoir
des révélations , & ſe mettoit en fureur au ſeul mot de Huguenot. Il parut
propre à être l'inſtrument de l'horrible
attentat qu'on méditoit depuis long-
tems. On démêle aiſément dans ſes
interrogatoires que ſon fanatiſme étoit
moins réel qü'affecté. Il feint quelque-

fois une ignorance ſtupide : *le Pape
eſt Dieu*, dit-il, *& Dieu eſt le Pape*. Il
répond ſur d'autres articles en homme ſenſé, même aſſez inſtruit. Il
ment, (1) varie, pleure & gémit
ſur le malheur qu'il a eu de ne pas
réſiſter aux tentations du diable ; il
prie ſes Juges *de ne pas déſeſpérer ſon
ame à force de tourmens* ; il reconnoît
qu'il eſt coupable d'un grand crime :
mais il ſoutient toujours que perſonne

---

(1) Il dit qu'il n'étoit jamais ſorti du Royaume ; il eſt prouvé qu'on l'avoit vû à Naples. Il
dit que jamais il n'avoit déclaré à qui que ce
ſoit, (pas même en confeſſion) ſon deſſein de
tuer le Roi ; il y avoit plus d'un an que le
Prieur des Auguſtins de Montargis, avoit
trouvé ſur l'Autel une Lettre par laquelle on le
ſommoit d'avertir ce Prince *qu'un grand
rouſſeau, natif d'Angoulême*, devoit l'aſſaſſiner. Ce Prieur ayant pris conſeil du Lieutenant Général, & des principaux de la Ville, il
fut arrêté d'envoyer la Lettre, avec le procès-
verbal qu'on avoit fait faire, à M. le Chancelier qui malheureuſement négligea cet avis.
Voilà une preuve juridique & bien authentique
que Ravaillac avoit confié ſon abominable
deſſein.

*Journal
d'Henri IV.
année 1616.
Nicolas Paſ-
quier, Let-
tre prem.*

ne l'a excité à le commettre & qu'il ne s'eſt déterminé à tuer le Roi , que parce qu'on l'a aſſuré que ce Prince alloit faire la guerre au Pape. Eſt-il poſſible , dit-on , que dans l'horreur des tortures , il n'eut pas accuſé ceux qui l'avoient ſéduit par eux-mêmes , ou par leurs émiſſaires , & en lui faiſant de temps en temps de petites charités ? Peut-être eſpéroit-il toujours qu'ils lui ſauveroient la vie ; d'ailleurs il eſt certain qu'à la premiere tirade des chevaux, il demanda d'être relâché , qu'il dicta un teſtament de mort, & que le Greffier s'attacha à écrire ſi mal ce teſtament, que les plus experts en écritures n'ont jamais pû y rien déchiffrer.

Germain Brice dit *que lorſqu'on eut arrêté Ravaillac , on le mena d'abord à l'Hôtel de Retz , à préſent l'Hôtel de Condé. Ç'auroit été le mener loin ; je ſçais que l'Hôtel de Condé étoit alors*

Deſcrip. de Paris. T. I. p. 219.

l'Hôtel de Gondi, mais Jean-Baptiste de Gondi Duc de Retz, avoit encore un autre Hôtel * près du Louvre, & ce fut à celui-là qu'on traîna ce scélérat. Il y resta deux jours, enchaîné & gardé par des Archers. *A la question qui lui fut donnée dans toute la rigueur,* ajoûte Germain Brice, *il avoua des choses si étranges, que les Juges surpris & effrayés jurerent entr'eux sur les Saints Évangiles de n'en jamais rien découvrir, à cause des suites terribles qui en pouvoient arriver ; ils brûlerent même les dépositions & tout le Procès verbal au milieu de la Chambre, & il n'en est resté que quelque legers soupçons sur lesquels on n'a pû fonder jusqu'à présent aucun véritable jugement.* Cette narration est absolument fausse ; Ravaillac soutint toujours à la question qu'il n'avoit point de complices, & s'il avoua des choses étranges, ce ne fut que lorsqu'il eut demandé, à la premiere

* Où sont les nouveaux bâtimens du Bureau de la grande Poste.

tirade des chevaux , qu'on le relâ-
chât.

Quelques mois après, la Demoiselle
d'Ecoman , femme d'un Gentilhomme ,
& qui avoit été attachée à la Reine
Marguerite , accufa la Marquife de
Verneuil & le Duc (1) d'Epernon d'a-
voir fait affaffiner Henri IV. *Elle parloit*
bien dit l'Etoille, *& étoit ferme & con-*
ftante en fes réponfes & accufations,
munies de raifons valables & preuves
très-fortes, qui rendoient fes Juges tout
étonnés. Il falloit des preuves *juridi-*
ques ; elle n'en pût pas fournir , & fut
condamnée à être enfermée le refte de
fes jours entre quatre murailles : il fut
dit

Ann. 1611.

____

(1) Il ne refte plus perfonne de fa race , &
fes Defcendans ont fini à la deuxiéme généra-
tion , auffi-bien que ceux du Duc de Lerme en
Efpagne. Je détaillerai dans un autre article
par quelles raifons & comment ces deux hommes tramerent & conduifirent cette confpiration.

dit dans l'Arrêt que toute la procédure feroit fuprimée. Aparemment que *Germain Brice* qui brouille affez fouvent tous les faits, a confondu cette procédure avec le procès criminel de Ravaillac. Je finirai cet article par un paffage des Mémoires de Sulli, qui fait connoître le peu de précaution que Henri IV prenoit contre les attentats dont il étoit fans ceffe menacé. » Il me » fut adreffé de Rome, dit Sulli, un » avis d'une confpiration contre la per- » fonne de Sa Majefté, que je ne crus » pas devoir lui cacher, quoique cet » avis ne me parut à moi-même digne » que d'être méprifé, comme il le fût » de ce Prince, qui me répondit à » cette occafion qu'il s'étoit convaincu » que pour ne pas rendre fa vie pire » que la mort même, il devoit ne faire » aucune attention à de femblables avis; » que les Tireurs d'horofcope l'avoient » menacé, les uns de mourir par l'épée,

Arrêt du 31 Juillet 1611.

Mémoires de Sulli ann. 1605.

Tome I. G

» les autres dans un caroſſe ; qu'aucun
» ne lui avoit jamais parlé de poiſon qui
» étoit, à ſon avis, la maniere la plus
» facile de ſe défaire de lui, puiſqu'il
» mangeoit beaucoup de fruits, & ſans
» eſſai, de tous ceux qu'on lui préſen-
» toit ; & qu'enfin ſur le tout il s'en
» remettoit au ſouverain Maître de ſes
» jours.

Le For-L'Evesque.

Forum Epiſcopi, c'eſt à-dire le Siége de la Juriſdiction Temporelle de
l'Evêque. Il y avoit dans Paris & dans
les Fauxbourgs dix-neuf Juſtices de
Seigneurs : l'incertitude de leurs limi-
tes, cauſoit ſouvent des conflits de
Juriſdiction: par Edit du mois de Février 1674, toutes ces Juſtices ſubal-
ternes furent réunies & incorporées à
celle du Châtelet ; on conſerva ſeulement la Juſtice (dans leur enclos) à

l'Archevêque de Paris & Chapitre de Notre-Dame, à l'Abbé de S. Germain des Prez, au Grand Prieur de France, au Commandeur de Saint Jean de Latran & au Prieur de Saint Martin des Champs.

Adrien de Valois prétend qu'on a dit *For-l'Evêque* aulieu de *Four-l'Evêque*, & que le four banal où les Vassaux de l'Evêque envoyoient cuire leur pain, occupoit une partie de ce bâtiment qui sert aujourd'hui de prison.

RUE DES FOSSÉS SAINT GERMAIN

DE L'AUXERROIS.

L'Hôtel de Sourdis * communiquoit au Cloître de cette Eglise. Gabrielle d'Estrées, Duchesse de Beaufort, demeuroit dans la maison du Doyen, aparemment pour être proche du Louvre, & de la Marquise de Sourdis sa tante. Elle y mourut la veille de Pâques

* Cul-de-Sac de Sourdis dans cette rue.

1599. Sauval affure qu'il avoit connu des Vieillards qui lui avoient dit qu'après fa mort on l'expofa dans la grande Salle de cette * Maifon ; qu'elle étoit vêtue d'une robbe de fatin blanc & couchée fur un lit de parade de velours cramoifi , enrichi de dentelles d'or & d'argent. Il ne paroît pas vraifemblable qu'on ait expofé à la vue du Public une perfonne à qui des fymptomes de mort terribles avoient défiguré tous les traits , & tourné la bouche jufques derriere le cou. Elle avoit paffé une partie du Carême à Fontainebleau ; la politique & la bienféance ne permettant pas à Henri IV de la garder auprès de lui pendant le temps de Pâques , il l'avoit priée de retourner à Paris , & la conduifit jufqu'à Melun. Ces deux Amans , dit Sulli , fembloient avoir un preffentiment qu'ils ne fe reverroient plus ; ils s'accabloient de careffes , les larmes aux yeux , & fe parloient comme fi c'eut été pour la derniere fois ; la Duchesse recommandoit au Roi fes Enfans , fa Maison de Monceaux & fes Domestiques ; ce Prince l'écoutoit & s'attendrissoit au-lieu de la rassurer; ils prenoient congé l'un de l'autre & aussitôt fe rapelloient, s'embrassoient & ne pouvoient fe séparer. Elle vint loger chez *Zamet* : c'étoit un Italien qui avoit acquis de grandes richesses en s'intéressant dans toutes fortes de maltôtes : c'est lui qui fe qualifia dans le Contrat de Mariage d'une de fes filles , *Seigneur Suzerain de dix-fept cent mille écus.* Son caractère plaisant & enjoué l'avoit rendu agréable à Henri IV : ce Prince choisissoit ordinairement fa Maison pour fes petits foupers & fes parties de plaisir. La Duchesse fut reçûe de fon Hôte avec tous les empressemens imaginables. Le Jeudi Saint, ayant bien dîné , il lui prit quelques éblouissemens dans l'Eglise du Petit

Confess. de Sanci. L. 2. Remarques fur le Ch. 1.

Saint Antoine, où elle étoit allé entendre les *Ténébres*. Revenue chez *Zamet*, & se promenant dans le Jardin, après avoir mangé d'un citron (d'autres disent d'une salade) elle se sentit tout à coup un feu dans le gosier, & des douleurs si aigues dans l'estomach, qu'elle s'écria, *qu'on m'ôte de cette Maison ; je suis* (1) *empoisonnée.* On l'emporta chez elle, où son mal redoubla avec des crises & des convulsions si violentes qu'on ne pouvoit regarder sans effroi cette tête si belle quelques heures auparavant : elle expira le Samedi vers les sept heures du matin ; on l'ouvrit & l'on trouva son enfant mort. Henri IV fit prendre le deuil à toute la Cour, & le porta la premiere

D'Aubigné.

Mémoires de Sulli.

____

(1) On avoit déja parlé de marier Henri IV avec Marie de Medicis, & comme *Zamet* étoit né sujet du Duc de Florence, ses ennemis le soupçonnerent d'un crime dont il n'y eut aucune preuve.

femaine en violet , & la feconde en noir. *On empoifonna cette Favorite ,* dit un Ecrivain de ce temps-là, *parce que le Roi étoit déterminé à l'époufer ; & vû les troubles qui en feroient advenus,* ajoûte ce galant homme , *ce fut un fervice qu'on rendit à ce Prince & à l'Etat.* Cela peut être , mais on conviendra que de pareils fervices font plus infâmes que ceux du Boureau ; d'ailleurs la plûpart des Hiftoriens n'attribuent cette mort si frappante qu'aux effets d'une groffeffe malheureufe.

RUE DU FOUARRE.

L'Univerfité avoit autrefois fes Ecoles des deux côtés de cette rue : elle prit le nom de rue du *Fouarre* (vieux mot qui fignifioit de la paille) de la grande confommation qu'en faifoient les Ecoliers : ils n'étoient affis dans les Claffes que fur de la paille. Ancienne-

ment il n'y avoit auffi ni bancs ni chai-
fes dans les Eglifes : on les jonchoit de
paille fraîche & d'herbes odoriférantes,
furtout à la Meffe de minuit & autres
grandes fêtes.

Rue des Francs-Bourgeois,
Au Marais.

En 1350, Jean Rouffel & Alix fa
femme firent bâtir dans cette rue, qu'on
appelloit alors la rue *des Vieilles Poulies*,
vint-quatre chambres pour y retirer
des pauvres. Leurs héritiers, en 1415,
donnerent ces chambres au Grand-
Prieur de France avec foixante-dix
livres Parifis de rente, à condition
d'y loger deux pauvres dans chacune,
moyennant treize deniers en y entrant,
& un denier par femaine. On appella
ces chambres *la maifon des Francs-
Bourgeois*, parce que ceux qu'on y recevoit étoient francs de toutes taxes

& impofitions, attendu leur pauvreté : voilà l'origine du nom de cette rue.

*Il y demeuroit, en *1596*, deux *gueux* qui dans leur oifiveté s'étoient fi bien exercés à contrefaire le fon des cors de chaffe & la voix des chiens, qu'à trente pas on croyoit entendre une meute & des piqueurs : on devoit y être encore plus trompé dans des lieux où les rochers renvoyent & multiplient les moindres cris. Il y a toute aparence qu'on s'étoit fervi de ces deux hommes pour une aventure qui fut regardée comme l'aparition véritable d'un phantôme : fi Henri IV avoit eû la curiofité d'avancer , on lui auroit fans doute lancé un dard, & l'on auroit dit enfuite que n'étant pas dans le cœur bon catholique , c'étoit le diable qui l'avoit tué. Voici ce que raportent la plûpart des hiftoriens contemporains.

Le Roi chaffant dans la forêt de Fontainebleau , entendit comme à une

demie-lieue loin de l'endroit où il étoit,
des jappemens de chiens, le cri & le cors
des chasseurs, & en un moment tout ce
bruit qui sembloit être éloigné, se présenta
à vingt pas de son oreille. Il commanda
à M le Comte de Soissons de brousser &

ousser en avant pour voir ce que c'étoit,
n'estimant qu'il y eut personne assez hardi
pour se mêler parmi sa chasse & lui en
troubler le passetemps. Le Comte de Soissons s'avançant, entendit le bruit sans voir
d'où il venoit : un grand homme noir se
présente dans l'épaisseur des broussailles,
& cria, d'une voix terrible, m'atten-
dez vous, & soudain disparut. A cette
parole, les plus hardis estimerent impru-
dence de s'arrêter en cette chasse en laquelle ils ne prirent que de la peur ; & bien
qu'ordinairement elle noüe la langue & gla-
ce la parole, ils ne laisserent pourtant pas
de raconter cette aventure que plusieurs
auroient renvoyée aux fables de Merlin,
si la vérité affirmée par tant de bouches

& éclairée par tant d'yeux, n'eut ôté tout
fujet d'en douter. Les paſteurs des environs
diſent que c'eſt un eſprit qu'ils apellent
le Grand Veneur ; les autres prétendent
que c'eſt la chaſſe S. Hubert qu'on ⌐ntend
auſſi en d'autres lieux.

L'Eglise de Ste Genevieve.

La queüe du manteau d'un Cardinal,
fur fon tombeau dans cette Egliſe, eſt
portée par un Ange : je fuis étonné que
l'extravagante imagination qui a créé
ce page, aulieu de le laiſſer à moitié
nud, ne lui ait pas donné la livrée.

Rue de Grenelle,
Quartier Saint Euſtache.

Cet Hôtel où l'amoureux Comte de *Sauv. l. T.*
Soiſſons ſe plaiſoit à répandre de tous *II. p 1. 5.*
côtés, fur les vitres, les plafonds &
les lambris, d'ingénieux emblêmes,
G vj

de galantes devifes & fes chiffres en-
laffés avec ceux de Catherine de Navarre, fœur de Henri IV : Ce même
Hôtel qui fut enfuite habité par le Duc
de Bellegarde, ce Courtifan fi aimable, fi poli, l'amant chéri de Gabrielle
d'Eftrées, de Madame, de Mademoifelle de Guife, & de tant d'autres : cet
Hôtel enfin qui devint, après la mort
du Cardinal de Richelieu, l'afile des
Mufes, où l'Académie Françoife tint
fi longt mps fes féances, & où s'affem-
bloient les Racans, les Sarazins, les
Voitures : c'eft aujourd'hui l'Hôtel des
Fermes.

Le 9 Juin 1572, Jeanne d'Albret
mere de Henri IV, mourut dans la
troifiéme Maifon après cet Hôtel, du
côté de la rue S. Honoré. Elle n'a-
voit que quarante quatre ans, & ne
fut malade que cinq jours. Le bruit
courut qu'elle avoit été empoifonnée
par l'odeur d'une paire de gants de

senteur que lui avoit vendus *René*, un Italien, grand scélérat, & Parfumeur suivant la Cour de Catherine de Médicis. Le corps de cette Princesse fut ouvert, & les Chirurgiens, dit Cayet, raporterent qu'ils n'y avoient point trouvé de marques de poison. Elle *Chronol. novenaire.* n'avoit pû se dispenser de venir à Paris pour le mariage de son fils ; d'ailleurs on l'avoit assurée qu'on alloit faire la guerre à son ennemi irréconciliable, Philippe II Roi d'Espagne, Charles IX étant persuadé qu'il avoit fait empoisonner Elisabeth de France sa femme, l'accusant d'un commerce de galanterie avec son fils D. Carlos.

* Aujourd'hui dès qu'une Princesse entre dans le cinquieme mois de sa grossesse, Médecins, Chirurgiens & Acoucheurs s'emparent de sa santé ; apeine lui permettent-ils de sortir de son apartement ; la voiture la plus douce & le plus beau chemin ne les rassu-

rent pas ; quelqu'envie qu'elle eut
d'aller feulement de Verfailles à Fontainebleau , ils s'y opoferoient. Cayet ,
Sous-précepteur d'Henri IV , raporte
*que Jeanne d'Albret voulant fuivre fon
mari aux guerres de Picardie , le Roi
fon pere lui dit qu'il vouloit que fi elle
devenoit groffe , elle lui aportât fa groffeffe en fon ventre pour enfanter en fa
maifon , & qu'il feroit nourir lui-même
l'enfant , fils ou fille ... que cette Princeffe fe trouvant enceinte , & dans fon
neuvieme mois , partit de Compiegne ,
traverfa toute la France jufqu'aux Piren-
nées , & arriva , en quinze jours , à
Pau dans le Béarn ... elle étoit curieufe ,*
ajoute cet hiftorien , *de voir le teftament
de fon pere ; il étoit dans une groffe boëte
d'or fur laquelle étoit auffi une chaîne
d'or qui eut pû faire autour du cou 25
ou 30 tours ; elle la lui demanda : elle
fera tienne , lui dit-il , dès que tu m'au-
ras montré l'enfant que tu portes , &*

Chronol.
novenaire.
ann. 1585.

afin que tu ne me faſſes pas une pleureuſe ou un rechigné, je te promets le tout pourvû qu'en enfantant tu chantes une chanſon Béarnoiſe, & quand tu enfanteras, j'y veux être... Entre minuit & une heure, le 13 de Décembre 1553, les douleurs prirent à la Princeſſe ; ſon pere averti deſcend ; l'entendant venir, elle chanta la chanſon Béarnoiſe qui commence par Notre - Dame du bout du pont, aidez-moi en cette heure... étant délivrée, ſon pere lui mit la chaine d'or au cou, & lui donna la boëte d'or où étoit ſon teſtament, lui diſant, voilà qui eſt à vous, ma fille, mais ceci eſt à moi, prenant l'enfant dans ſa grande robbe ſans atendre qu'il fut bonnement accommodé, & l'emporta en ſa chambre.... Le petit Prince fut nourri & élevé de façon à être propre à la fatigue & au travail, ne mangeant ſouvent que du pain commun ; le bon Roi ſon grand pere l'ordonnoit ainſi, &

ne vouloit qu'il fut délicatement mignar-
dé , afin que de jeuneſſe il s'aprit à la
neceſſité ; ſouvent on l'a vû , à la mode
du pays , parmi les autres enfans du
Château & Village de Coiraƶƶe , pieds
déchaux & tête nuë , tant en Hiver qu'en
Été. Quel fut ce Prince ? HENRI IV.

RUE GRENIER S. LAZARE.

Paſquier rapporte que l'an 1424,
vint à Paris une fille nommée *Margot*,
qui jouoit au jeu de Paume de cette
rue , de l'avant & de l'arriere-main
mieux qu'aucun homme ; ce qui étoit
d'autant plus étonnant , qu'alors on
jouoit ſeulement de la main nüe , ou
avec un gant double. Dans la ſuite
quelques uns mirent à leur main des
cordes & tendons pour renvoyer la
balle avec plus de force , & de-là on
imagina la raquette. Le nom de *paume*,

ajoûte-t-il, a été donné à ce jeu, parce que dans ce temps-là fon exercice confiftoit à recevoir & à renvoyer la balle de la paume de la main.

RUE GUENEGAUD.

J'ai dit que de la Porte de Buci, fituée vers le haut de la rue Saint André des Arcs *, les murs de la Ville traverfant le terrein où l'on plaça dans la fuite la Porte * Dauphine, alloient terminer leur enceinte à la Porte de Nefle, bâtie où eft à préfent la premiere Cour du Collége des Quatre-Nations. L'Hôtel de Nefle, avec fes Jardins, occupoit tout l'efpace qu'occupent aujourd'hui quelques dépendances de ce Collége, les Maifons de la petite Place de Conti, cette petite Place, l'Hôtel de Conti, la rue Guénégaud depuis l'Egoût jufqu'à la Riviere, & la petite rue de Nevers. Philippe

* Vis-à vis de la rue Contrefcarpe. Voyez p. 23. de ces Effais.

* A l'autre bout de la rue Contrefcarpe.

le Bel l'acheta d'Amauri de Nefle, en 1308. Les Rois fes fuccefleurs le donnerent & l'aliénerent plufieurs fois ; il étoit toujours revenu au Domaine. Charles IX le vendit, en 1571, à Louis de Gonzague, Duc de Nevers, qui le rebâtit en partie. Il fut enfuite l'Hôtel Guénégaud, & enfin l'Hôtel de Conti. Henri de Guénégaud, Sécrétaire d'Etat, qui l'avoit acheté vers 1650, y avoit fait de grands changemens & avoit bâti cette rue, qui fut prife fur le Jardin.

Dames galantes T. I. p. 271.

Brantome parle d'une Reine *qui fe tenoit à l'Hôtel de Nefle, laquelle faifoit le guet aux paffans, & ceux qui lui plaifoient & agréoient le plus, de quelque forte de gens que ce fuffent, les faifoit apeller & venir à elle, & aprés en avoir tiré ce qu'elle en vouloit, les faifoit précipiter de la Tour* * *en bas dans l'eau. Je ne peux pas dire, ajoûte-t-il, que cela foit vrai ; mais la plûpart de Paris*

* Bâtie où eft à préfent la Place des Quatre Nations.

l'affirme, & il n'y a perſonne qui ne le diſe, en montrant la Tour.

* Le Poëte Villon dans ſa ballade aux Dames, compoſée en 1461, dit

> Où eſt la Reine
> Qui commanda que Buridan
> Fut jetté en un ſac en Seine ?

Jeanne, Comteſſe de Bourgogne & d'Artois, Reine de France & de Navare, Princeſſe très décriée pour ſes mœurs, demeura à l'Hôtel de Neſle après la mort de Philippe le long ſon mari ; elle mourut en 1329, & voulut être enterrée aux Cordeliers. Jean Buridan étoit de Béthune en Artois ; il étoit célebre dans l'Univerſité de Paris dès l'an 1327 : s'il fut jetté dans la Seine, il ne ſe noya pas; il vivoit encore en 1348.

Ce fut à ce même Hôtel de Neſle, *Mémoires de Nevers.* que Henriette de Clèves, femme de T. I. p. 57. Louis de Gonzague Duc de Nevers, aporta la tête de Coconas * ſon amant * Décapité en 1574.

qu'on avoit expofée fur un poteau dans la Place de Grêve : elle alla elle-même l'enlever de nuit ; elle la fit embaumer, & la garda longtemps dans l'armoire d'un cabinet, derriere fon lit. Ce même cabinet fut arrofé des larmes de fa petite fille (1), Marie-Louife Gonza-gue de Clêves, dont l'amant * eut la même deftinée que Coconas.

*Cinqmars décapité en 1642.

D. Félibien & D. Lobineau, dans leur hiftoire de Paris, ont aparemment fuivi les plans qu'on trouve dans le premier volume du Traité de la Police du Commiffaire de la Marre : ces plans font très-fautifs ; ils placent l'Hôtel de Nefle hors des murailles ; il eft certain qu'il étoit dans l'enceinte, & que fes murs en faifoient partie. Le Duc de Berri, oncle de Charles VI, fit bâtir, il eft vrai, un petit Hôtel, *ou féjour de Nefle,*

______

(1) Elle époufa Ladiflas, & enfuite Cafimir, freres & Rois de Pologne.

au dela des fossés de la Ville ; il communiquoit au grand Hôtel par un pont-levis, & ses jardins s'étendoient, d'un côté vers la Porte de Buci, & de l'autre au bord de la Riviere , c'est-à-dire où est à présent le Quai Malaquêt. Il ne falloit pas confondre ce petit Hôtel avec le grand. Le Collége des Quatre-Nations a été bâti sur quelques dépendances de l'un & de l'autre , & sur les fossés de la Ville. Je n'écris qu'après avoir examiné très-exactement les anciens plans de Paris, à la Bibliothéque du Roi & à celle de S. Victor.

En 1538 , en fouillant la terre proche de la Tour de Nesle , on trouva onze caveaux , & dans un de ces caveaux , le corps d'un homme armé de toutes piéces. Ces sépultures étoient-elles du temps des Payens ? Il est certain qu'il n'y avoit jamais eu ni Cime-tiere , ni Eglise dans cet endroit.

Guill. Marcel. T. I. p. 71 & 78.

GIBET.

* Mot corrompu de celui de *Gebel*
qui fignifie en langue Arabe une Montagne. Anciennement en France les
exécutions fe faifoient fur des lieux
élevés, afin que l'exemple fût vû de
plus loin. Tacite dit que les Germains
pendoient à un arbre les traîtres & les
déferteurs, & qu'ils étouffoient dans
un bourbier, fous une claie, les pol-
trons, les faineans & les *mignons*. L'efprit de la loi dans la diférence de ces
fuplices, étoit de rendre vifible la punition du crime, & d'enfevelir l'infamie dans un éternel oubli.

Etienne Pafquier remarque que les
fourches patibulaires de Montfaucon,
*ont porté malheur à tous ceux qui s'en
font mêlés :* qu'Enguerrand de Marigni qui les fit bâtir, les étrenna : que
Pierre Remi, Surintendant des Finances fous Charles le bel, les ayant fait

réparer, y fut auſſi pendu ; *& de notre temps*, ajoute-t-il, *Jean Mounier, Lieutenant Civil de Paris, y ayant fait mettre la main pour les refaire, s'il n'y finit pas ſes jours comme les deux autres, il y fit amende honnorable.* La remarque de Paſquier eſt bonne en ce qu'elle fait voir qu'il a été un temps qu'en France on faiſoit juſtice des grands comme des petits voleurs.

LE GUET.

Il paroît que ſous la premiere race de nos Rois, le Guet n'étoit pas en bonne réputation. Une Ordonnance de Clotaire II, année 595, porte : » Que » lorſqu'un vol ſera fait de nuit, ceux » qui feront de garde dans le quartier, » en répondront s'ils n'arrêtent pas le » voleur ; que ſi le voleur en fuyant de- » vant ces premiers, eſt vû dans un » autre quartier, & que les Gardes de

Traité de la Police, T. I. pag. 256.

» ce fecond quartier, en étant auffitôt
» avertis, négligent de l'arrêter, la
» perte caufée par le vol, tombera fur
» eux, & qu'ils feront en outre con-
» damnés en cinq fols d'amende, &
» ainfi de quartier en quartier.

Rue de la Harpe.

'Au fond d'une affez vilaine Maifon
qui a pour enfeigne *la Croix de Fer*,
on voit une Salle très-vafte, voutée
& haute d'environ quarante pieds. C'eft
un refte de l'ancien Palais des *Thermes*,
& un précieux monument de la façon
dont bâtiffoient les Romains. Le ciment
dont ils fe fervoient, nous eft toujours
inconnu ; il me femble que cela ne
fait pas honneur à nos Architectes. Les
édifices & les cours de ce Palais occupoient tout l'efpace entre cette rue de
la Harpe & la rue Saint Jacques, depuis la rue du Foin jufqu'à la Place

de

de Sorbonne. Son parc & ses jardins s'é-
tendoient d'un côté jusques sur le * Mont
Leucotitius, & de l'autre jusqu'au Temple * d'Isis. Quelques Sçavans croyent
que l'Empereur Julien le fit bâtir vers
l'an 358 : d'autres prétendent qu'il est
plus ancien.

Ce fut la demeure ordinaire de nos
Rois de la premiere race : *Childebert,*
dit Fortunat, *alloit de son Palais, par
ses jardins, jusqu'aux environs de l'Eglise*
S. Vincent. Les Princesses Gisla &
Rotrude, filles de Charlemagne, y furent reléguées après sa mort. Ce grand
Prince avoit un peu trop fermé les yeux
sur leur conduite, aparemment par
cette même tendresse qui l'avoit empê-
ché, dit le P. Daniel, de les marier, ne
pouvant se résoudre à se séparer d'elles.
Louis le Debonnaire, dès qu'il fut sur
le Thrône, entreprit de réformer leur
façon de vivre, & commença par faire
tuer deux Seigneurs qui passoient pour

Tome I.   H

Montagne Ste Genevieve.

* S. Vincent, depuis S. Germain des prez.

Histoire de France. T. I. p. 558.

être leurs amans ; il croyoit fans doute que l'exemple intimideroit & qu'elles n'en trouveroient plus ; il paroît qu'il fe trompa , & qu'elles n'en manquerent jamais. Ces Princeſſes joignoient à beaucoup d'efprit, du gout pour les Lettres ; elles étoient d'ailleurs affables, généreuſes , bienfaiſantes , bonnes en un mot comme le font ordinairement toutes les femmes galantes du fond du cœur, & fans motifs d'intrigue, d'intérêt ou d'ambition. Elles moururent généralement regrettées , tandis que *le Debonnaire* qui n'avoit aimé que la compagnie des Prêtres, qui avoit banni de fa Cour tous les plaifirs, qui l'avoit réglée monacalement , qui n'avoit eu du goût que pour le plein-chant & les cérémonies de l'Eglife , *après s'être rendu méprifable* , dit le même Pere Daniel, *aux Evêques & aux Abbés, à force de trop communiquer avec eux & de leur trop déférer* , mourut avili , dé-

gradé dans l'efprit de fes Sujets, avec
la réputation *d'un très-vertueux, mais* *ibidem.*
très-médiocre Empereur.

R u e   S a i n t   H o n o r é.

Sous le Regne de Philippe le Bel,
les Eglifes de Saint Honoré, de Saint
Thomas du Louvre & des Quinze-
Vingts, étoient encore entourées de
champs & de vignes, & l'on voit dans
un vieux Regiftre de ce temps-là, qu'en
l'an 1310 la récolte de bled, de vin
& d'avoine y fut bonne. Ces Eglifes ne
furent renfermées dans Paris que par
l'enceinte commencée fous Charles V
en 1367, achevée fous Charles VI en
1383, & qui fubfifta jufqu'en 1633.

En lifant l'Hiftoire des guerres civiles fous les regnes de Henri III &
de Henri IV, il faut faire attention que
le Palais des Thuilleries étoit hors des
murs. » Henri III, dit l'Etoille, voyant *Ann.1588.*

H ij

» le Peuple continuer dans fa furie ;
» averti d'ailleurs que les Prédicateurs
» qui marchoient en tête & qui ne
» tenoient autre langage finon *qu'il*
» *falloit aller prendre frere Henri de*
» *Valois dans fon Louvre*, avoient fait
» armer fept ou huit cent Ecoliers,
» & trois ou quatre cent Moines ; &
» ceux qui étoient auprès de ce Prince,
» ayant fur les cinq heures du foir reçu
» avis par un de fes bons Serviteurs
» qui déguifé fe coula dans le Louvre,
» qu'il eut à en fortir au plus vîte, finon
» qu'il étoit perdu, fortit du Louvre
» à pied, tenant une baguette à la main
» fuivant fa coutûme, comme s'allant
» promener aux Thuilleries. Il n'étoit
» pas encore hors de la porte lorfqu'un
» Bourgeois l'avertit en diligence de
» fortir parceque le Duc de Guife avec
» douze cent hommes l'alloit venir pren-
» dre. Etant arrivé aux Thuilleries où
» étoit fon Ecurie, il monta à cheval

» avec ceux de fa fuite qui eurent moyen

» d'y monter : *Duhalde* le botta & lui

» mettant fon éperon à l'envers , *c'eft*

» *tout un* , lui dit ce Prince , *je ne vais*

» *pas voir ma Maitreffe* : étant à cheval ,

» il fe tourna vers la Ville & jura de

» n'y rentrer que par la brêche.

   » Entre cinq & fix heures du foir , *Chronologie novenaire.*

» dit Cayet , Henri III fort de Paris

» *par la Porte Neuve :* ceux qui étoient

» avec lui le fuivirent ; aucuns defquels

» étoient bien étonnés ; car tel Confeil-

» ler d'Etat l'étoit allé trouver au Lou-

» vre avec fa robbe longue , qui fans

» bottes montoit pour le fuivre fur le

» premier cheval de l'écurie ; & lorf-

» que ce Prince fortoit *par la Porte*

» *Neuve* , quarante Arquebufiers qu'on

» avoit mis à la Porte de Nefle , tirerent

» vivement fur lui & fur ceux de fa

» fuite. «

On voit par ce récit de deux Hiftoriens contemporains , que la *Porte Neuve*

étoit placée au bord de la riviere, un
peu en-deçà du dernier * guichet en
allant du Pont-Neuf aux Thuilleries.
De cette *Porte Neuve*, les murs de la
Ville traverſant le long du terrain où eſt
à préſent la rue * Saint Nicaiſe, alloient
joindre la Porte Saint Honoré, ſituée
à l'endroit où ſont aujourd'hui les Boucheries des Quinze-Vingts. Cette Porte
Saint Honoré ne fut abattue, & reculée
juſqu'à l'endroit où nous l'avons vûe,
à l'entrée du Boulevard, qu'en 1633.

» La Gallerie des Thuilleries, dit
» Sauval, eſt un ouvrage que Henri IV
» vouloit pouſſer * tout le long de la
» Riviere juſqu'au Palais des Thuille-
» ries qui faiſoit alors partie du Faux-
» bourg S. Honoré, afin par ce moyen
» d'être dehors & dedans la Ville
» quand il lui plairoit, & de ne ſe pas
» voir enfermé dans les murailles, où
» l'honneur & la vie de Henri III
» avoient preſque dépendu du caprice

Marginal notes:

* Il n'y a-voit encore ni gallerie des Thuille-leries ni Guichets.

* Bâtie vers 1636.

T. 2. p. 40.

* Cette gal-lerie ne fut achevée que ſous le re-gne de Louis XIII.

» & de la frénéfie d'une populace irri-
» tée. »

En 1616 , M. de Berulle acheta
l'Hôtel du Bouchage pour y établir les
Prêtres de la Congrégation de l'Oratoire : le cul-de-fac de l'Oratoire s'appelloit la rue du Louvre. Ce fut au
bout de cette rue du Louvre , dans la
rue S. Honoré , vis-à-vis l'Hôtel du
Bouchage , que Paul Stuard de Cauf-
fade , Comte de S. Megrin , le Lundi
21 Juillet 1578 , fortant du Louvre
vers les onze heures du foir , fut atta-
qué par vingt ou trente hommes , &
percé de trente-trois coups , dont il
mourut le lendemain. Le Roi le fit
enterrer à S. Paul avec la même pompe
& les mêmes cérémonies que Quelus
& Maugiron. » De ce meurtre , dit *Ann. 1578.*
» l'Etoile, n'en fut faite aucune pour-
» fuite, Sa Majefté étant bien avertie
» que le Duc de Guife l'avoit fait faire
» parce que le bruit couroit que ce

H iv

» Mignon étoit l'amant chéri de sa fem-
» me (1), & que celui qui avoit fait
» ce coup avoit la barbe & la conte-
» nance du Duc de Mayenne.

Quels temps ! quelles mœurs ! si l'on veut se les rapeller & considérer l'horrible tableau que ce demi-siécle nous présente, on conviendra, je crois, qu'en général la vie des Citoyens seroit moins exposée sous le régne d'un Néron, que sous celui d'un Roi dont la foible autorité produit de petits Tyrans.

Hôtel de Ville.

Pendant la prison du Roi Jean, le Prévôt des Marchands & Echevins présenterent à *Notre-Dame* une bougie (aparemment roulée) aussi longue que l'enceinte de Paris avoit alors de tour.

Histoire de Paris. T. 2. P. 54.

(1) Catherine de Cleves, veuve du Prince de Porcien, & mariée en secondes nôces à Henri de Guise, tué à Blois en 1588.

Ce don qu'on renouvelloit chaque année , fut suspendu du temps de la Ligue pendant vingt-cinq ou trente ans. En 1605 , Miron Prévôt des Marchands donna à la place de cette longue bougie , une lampe d'argent avec un cierge qui brûle jour & nuit devant l'Autel de la Vierge. Cette dévotion est aussi respectable qu'il est singulier de faire tous les ans la Procession autour de deux ou trois cent fagots , ausquels on met le feu pendant les plus grandes chaleurs de l'Eté. Après bien des recherches sur cette ridicule cérémonie , j'ai trouvé que les Grecs & les Romains faisoient des réjouissances aux publications de paix & aux nouvelles de victoires remportées sur l'ennemi , & que ces réjouissances étoient toujours accompagnées de sacrifices , où l'on allumoit de grand feux pour brûler les victimes. Nous avons eu l'esprit de conserver les feux, sans avoir de victimes à brûler. Depuis l'invention de la poudre à canon, on a auffi imaginé que par cent bouches d'airain, on annonceroit majeftueufement la naiffance des Princes. Des concerts de fluttes, de violons, de mufettes & de hautbois, ne feroient-ils pas d'un meilleur augure ?

RUE SAINT JACQUES.

La Chapelle fouterraine de l'Eglife des Carmelites (auparavant Notre-Dame des Champs) paroît d'une grande antiquité. Elle faifoit partie d'un Temple de Mercure, & fi l'on en croit quelques Auteurs, la figure que l'on voit au haut du pignon de cette Eglife', eft une ftatue de ce Dieu. Moreau de Mautour, après avoir examiné plufieurs fois cette figure avec des lunettes d'aproche, dit dans fon rapport à l'Académie des Infcriptions, » qu'elle étoit de pierre ; qu'elle avoit » le vifage d'un jeune homme fans

» barbe, avec des cheveux fort courts ;
» qu'elle étoit vêtue d'une draperie de-
» puis le cou jufqu'aux pieds ; que
» derriere fa tête qui étoit nue & pan-
» chée fur l'épaule gauche, il y avoit
» cinq pointes fortant d'une groffe bran-
» che de fer qui traverfoit cette ftatue
» & fervoit à la foutenir ; que de la
» main gauche, elle tenoit une balan-
» ce ; qu'on diftinguoit de petites têtes
» d'enfans dans chacun des baffins de
» cette balance, & que celui du côté
» droit defcendoit plus bas que l'autre ;
» qu'au haut du pignon, on lifoit en
» chiffres Romains M. DC. V. , épo-
» que de la conftruction du mur, auffi-
» bien que de la pofition de cette Sta-
» tue ; & qu'enfin tout cela lui faifoit ju-
» ger qu'elle repréfentoit S. Michel (1)

Hiftoire de
l'Acad. des
Infcrip. T.
III. p. 300.

______

(1) Piganiol, dès qu'il ceffe de tranfcrire *Defcrip. de* Sauval, n'eft pas heureux en raifonnemens & *Paris. T. 5.* en citations. *Certaines pointes de fer*, dit-il, p. 343. *qui ont été mifes fur le haut de cette Statue pour*

H vj

» qui pefe les ames dans une balance. »

Si c'étoit la figure de cet Archange, elle auroit des aîles, le Diable fous fes pieds, & la draperie n'iroit que jufqu'aux genoux : je ne ferois pas éloigné de croire que c'eſt en effet un *Mercure Theutates* qu'on trouva dans quelqu'endroit de cet enclos, que l'on prit pour la Statue d'un Saint, & qu'on plaça au haut du pignon de cette Eglife lorfqu'on le refit à neuf en 1605.

DIIS INFERIS
VENERI
MARTI ET
MERCURIO
SACRUM.

Cette Infcription trouvée dans la forêt de Belefme, prouve que les Gaulois

---

empêcher les oifeaux de fe percher deffus & la garantir des ordures qu'ils auroient pû y faire, ont fait croire à Moreau de Mautour que c'étoit des épics de bled, fymbole de Cerès. On voit que Moreau de Mautour dit tout le contraire.

mettoient Mercure an nombre des Divinités infernales ; & comme ils croyoient la Métempſycoſe, il eſt naturel d'imaginer qu'ils repréſentoient quelquefois ce Dieu examinant, peſant & apréciant les ames pour ſçavoir s'il les logeroit bien ou mal en les renvoyant ſur la Terre.

Cæſar. de bello gallico. lib. 6.

On voit chez les Gaulois, dit Céſar, pluſieurs Statues de Mercure ; c'eſt de tous les Dieux, celui pour qui ils ont le plus de vénération ; ils le regardent comme l'inventeur des Arts, le protecteur des Voyageurs & le patron des Marchands... Ils diſent tous qu'ils deſcendent de Pluton, & qu'ils le ſçavent par la Tradition qu'en ont conſervé les Druides ; c'eſt pour marquer cette origine qu'ils ne comptent point par le nombre des jours, mais par celui (1) des nuits.

Ibid. num. 15 & 16.

(1) On comptoit encore par nuits en France dans le douziéme ſiécle.

Soit qu'ils commencent les mois, les années, ou qu'ils célebrent l'anniverſaire de leur naiſſance, la nuit eſt toujours la premiere.

Perſonne n'ignore qu'une même Divinité chez les Payens, étoit chargée d'emplois différens : ils adoroient Apollon comme le Dieu du Soleil, & en même temps comme celui de la Médecine & de la Poëſie ; ainſi quoique Céſar paroiſſe diſtinguer Mercure de Pluton dans le paſſage que je viens de citer, il n'en eſt pas moins vrai que ce n'étoit que le même chez les Gaulois, & voici ce qui me détermine à le croire. Tite-Live parle d'un endroit *Decad. 3.*
liv. 6. (aparemment conſacré) qu'on apelloie *l'éminence de Mercure-Theutates :* voilà donc Mercure & *Theutates* qui ne font qu'un, ou plûtôt *Theutates* qui ſignifioit en langue Celtique (1) *pere du*

____

(1) *Theut* peuple, & *Tat* pere, d'où vient le mot *Tata* dont ſe ſervent les enfans.

peuple, n'étoit qu'une épithete que les Gaulois & les Celtibères donnoient à Mercure, parce qu'ils le regardoient comme le chef de leur race : c'étoit le *Pluton*, le *Dis pater* dont parle César & dont ils prétendoient être descendus : *Galli se omnes a Dite patre prognatos prædicant.*

L'usage des Statues pour représenter les Divinités qu'ils adoroient, ne s'introduisit chez eux que fort tard, & par un commerce plus fréquent avec les Grecs & les Romains. Dans les premiers temps, lorsqu'ils avoient déïfié un Héros, ils donnoient son nom à un Bois, à un Lac, à un Rocher, à un Précipice ou à quelque Riviere : ces lieux sauvages & champêtres étoient les uniques objets de leur culte : c'étoient les Temples, les Autels de leurs Dieux, & leurs Dieux mêmes : c'étoit surtout au milieu des Forêts, au pied des chênes les plus vieux & les plus couverts de mousse , qu'ils faisoient leurs principales cérémonies religieuses , & ces horribles sacrifices de victimes humaines dont parle Lucain.

Barbara ritu

Liv. 3. *Sacra Deûm : structa sacris feralibus aræ :*
Omnis & humanis lustrata cruoribus Arbos.

Ils attribuoient au Rhin un discernement assez singulier, & qu'heureusement on n'a jamais attribué à la Seine. Lorsqu'ils soupçonnoient leurs femmes de *Juliani.Im-* ne leur avoir pas été fidelles , ils expo-
per. Epist. soient leurs enfans sur ce Fleuve : il
16. engloutissoit dans ses eaux ceux qui n'étoient pas du mari , & portoit doucement les autres sur le rivage.

On ne commença de bâtir des Temples dans les Gaules que lorsqu'elles furent soumises aux Romains. Il paroît que ces Temples n'étoient pas dans les Villes , mais à la proximité. Il est certain qu'il n'y en avoit point dans l'en-

ceinte des murs de *Lutece.* L'Abbaye
de S. Germain des Prez fut bâtie fur
les ruines de celui *d'Ifis. Cybele* avoit
le fien à peu près où commence la
rue Coquilliere, du côté de S. Euftache. Montmartre prit fon nom du Temple de *Mars*, & le Temple de *Mercure-Theutates* ou *Pluton*, étoit donc
où font les Carmelites, c'eft-à-dire
fur ce côté du Mont *Leucotitius* qu'on
apele aujourd'hui le Fauxbourg Saint
Jacques.

    * D'ailleurs je n'ignore pas, qu'an-
ciennement dans la plûpart des Cimetieres, il y avoit une Chapelle
dédiée à Saint Michel; qu'on l'invo-
quoit comme le patron des morts &
le défenfeur des tombeaux; qu'au portail de Notre Dame, il eft repréfenté
pefant les ames tandis que le diable, pour
en efcamoter quelques unes, s'acroupit
& fe cache fous les balances, & que
l'on doit donc préfumer, dira-t-on, que

c'eft auffi une de fes ftatues qu'on voit au haut de l'Eglife des Carmelites : je réponds à cette objection, qu'après que le chriftianifme eut diffipé les ténébres de l'Idolâtrie, on attribua à plufieurs Saints les mêmes fonctions que les Payens avoient atribuées à leurs fauf-fes Divinités ; que quelqu'un, comme je l'ai dit, ayant détérré par hazard dans un champ un *Mercure-Theutates*, s'imagina que c'étoit un *S. Michel*, & que fur cette ftatue & fur cette idée, les Sculpteurs s'accoutûmerent à repré-fenter ainfi cet Archange : j'ajouterai que jamais les Payens n'ont enterré leurs morts dans les Villes ; que les lieux où ils les enterroient, étoient or-dinairement confacrés à Mercure ; qu'ils donnoient à ce Dieu l'épithete de *Re-dux*, comme ayant le pouvoir de rame-ner les ames fur la terre ; & qu'enfin, par tous les tombeaux qu'on a trouvés dans l'enclos des Carmelites & aux

environs, il n'eſt pas douteux que c'é-
toit le Cimetiere des Pariſiens du temps
du paganiſme.

L'ÉGLISE DES SS. INNOCENS.

* A l'article du Cimetiere de cette
Egliſe, Corrozet raporte une Epitaphe
qu'on y voyoit de ſon temps & qu'on
n'y voit plus, aparemment parce qu'é-
tant gravée ſur une plaque de cuivre,
quelque miſérable l'a enlevée pour la
vendre :

*Cy giſt Jollande Bailly qui trépaſſa
l'an 1514, le 88*^e*an de ſon âge, le 42*^e*de
ſon veuvage, laquelle a vû, ou pû voir
devant ſon trépas deux cent-quatre-vingt-
quinze enfans iſſus d'elle.*

Antiquités de Paris. Imprimées en 1561.

ISLE NOTRE-DAME
OU S. LOUIS.

Quelques Auteurs croyent que c'é-
toit ſous le regne de Charles V que

vivoit un Chien dont la mémoire mérita d'être conservée à la poſtérité par un monument qui ſubſiſte encor ſur la cheminée de la grande Salle du Château de Montargis. *D'Audiguier* prétend que c'étoit un Levrier ; j'en doute, attendu que le nez dans les Chiens eſt le mobile du ſentiment ; or les Levriers n'ont pas de nez, & par conſéquent s'ils careſſent un Maître, s'ils ſe trouvent à ſon lever, à ſon coucher, ce n'eſt que par habitude, comme des Courtiſans, ſans s'y attacher & ſans l'aimer : je les crois abſolument incapables de ces traits de bonté de cœur dont je vais faire le récit.

Aubri de Montdidier paſſant ſeul dans la Forêt de Bondi, eſt aſſaſſiné & enterré au pied d'un arbre. Son Chien reſte pluſieurs jours ſur ſa foſſe & ne la quitte que preſſé par la faim. Il vient à Paris chez un intime ami du malheureux *Aubri*, & par ſes triſtes heurlemens, semble vouloir lui annoncer la perte qu'ils ont faite. Après avoir mangé, il recommence ses cris, va à la porte, tourne la tête pour voir si on le suit, revient à cet ami de son Maître & le tire par l'habit comme pour lui marquer de venir avec lui. La singularité de tous les mouvemens de ce Chien, sa venüe sans son Maître qu'il ne quittoit jamais, ce Maître qui tout d'un coup a disparu, & peut-être cette distribution de justice & d'évenemens qui ne permet gueres que les crimes restent long-temps cachés ; tout cela fit que l'on suivit ce Chien. Dès qu'il fut au pied de l'arbre, il redoubla ses cris en gratant la terre comme pour faire signe de chercher dans cet endroit : on y fouilla & on y trouva le corps du malheureux *Aubri.*

Quelque temps après, il aperçoit par hazard l'Assassin, que tous les Historiens nomment *le Chevalier Macaire* :

il lui faute à la gorge, & l'on a bien
de la peine à lui faire lâcher prife.
Chaque fois qu'il le rencontre, il
l'attaque & le pourfuit avec la même
fureur. L'acharnement de ce Chien
qui n'en veut qu'à cet homme, commence à paroître extraordinaire : on
fe rapelle l'affection qu'il avoit marquée
pour fon Maître, & en même temps
plufieurs occafions où ce *Chevalier Macaire* avoit donné des preuves de fa
haine & de fon envie contre *Aubri de
Montdidier*. Quelques autres circonftances augmentent les foupçons. Le Roi
inftruit de tous les difcours que l'on
tenoit, fait venir ce Chien qui paroît
tranquille jufqu'au moment qu'apperce-
vant *Macaire* au milieu d'une vingtaine
d'autres Courtifans, il tourne, abboye,
& cherche à fe jetter fur lui. Dans ces
temps-là on ordonnoit le combat entre
l'Accufateur & l'Accufé, lorfque les
preuves du crime n'étoient pas convain-

quantes : on nommoit ces fortes de combats *Jugemens de Dieu*, parce qu'on étoit perfuadé que le Ciel auroit plûtôt fait un miracle que de laiffer fuccomber l'innocence. Le Roi frappé de tous les indices qui fe réuniffoient contre *Macaire*, jugea *qu'il échéoit gage de ba-taille*, c'eft-à-dire qu'il ordonna le duel entre ce Chevalier & le Chien. Le Champclos fut marqué dans * l'Ifle Notre-Dame, qui n'étoit alors qu'un terrain vague & inhabité. *Macaire* étoit armé d'un gros bâton ; le Chien avoit un tonneau percé pour fa retraite & fes relancemens. On le lâche : auffitôt il court, tourne autour de fon adver-faire, évite fes coups, le menace tantôt d'un côté, tantôt d'un autre, le fatigue, & enfin s'élance, le faifit à la gorge, le renverfe, & l'oblige de faire l'aveu de fon crime en préfence du Roi & de toute la Cour.

On ne fera point étonné que ce

* Voyez pag. 21 de ces Effais.

Chien ait resté plusieurs jours sur la fosse de son Maître, ni qu'il ait marqué de la fureur à la vûe de son Assassin ; mais la plûpart des Lecteurs ne voudront pas croire qu'on ait ordonné le duel entre un homme & un chien : il me semble cependant que pour peu qu'on ait parcouru l'Histoire, & vêcu dans le monde, on doit être tout au moins aussi persuadé des travers de l'esprit humain que du bon cœur des chiens.

Vers l'an 968, il s'agissoit de sçavoir si en ligne directe la représentation devoit avoir lieu : les Docteurs furent d'avis différent : L'Empereur Othon I *Sigebert.* nomma *deux Braves* qui se battirent en sa présence pour décider ce point de droit : celui qui soutenoit pour la représentation ayant eu l'avantage, il fut ordonné qu'elle auroit lieu, & qu'à l'avenir les petits fils succéderoient aux biens de leurs ayeuls ou ayeules, avec leurs

Tiraq de jureprimis. qu. 40.

leurs oncles & tantes, de la maniere que leurs peres & meres euffent fuccédé.

L'Evêque de Paris & l'Abbé de S. Denis fe difputoient le Patronage fur un Monaftére : Pepin le bref ne pouvant décider fur des droits qui lui paroiffoient trop embroüillés , les renvoya *au Jugement de Dieu par la Croix* : l'Evêque & l'Abbé nommerent donc chacun un homme , & ces deux hommes allerent dans la Chapelle du Palais où ils étendirent les bras en croix : le peuple dévotement attentif , parioit tantôt pour l'un , tantôt pour l'autre : l'homme de l'Evêque fe laffa le premier , baiffa les bras , & lui fit perdre fon procès.

L'épreuve , ou *le Jugement de Dieu par l'eau froide* , confiftoit à jetter l'Accufé dans une grande & profonde cuve pleine d'eau , après lui avoir lié la main droite au pied gauche , & la main gauche au pied droit : s'il enfon-

çoit, on le croyoit innocent : s'il fur-
nageoit, c'étoit une preuve que l'eau
qu'on avoit eu la précaution de bénir,
ne vouloit pas le recevoir, & que par
conféquent il étoit coupable.

Celui que l'on condamnoit à l'é-
preuve *ou Jugement de Dieu par le feu,*
étoit obligé de porter à neuf, & quelquefois à douze pas, une barre de fer
rouge pefant environ trois livres. Cette
épreuve fe faifoit auffi en mettant la
main dans un gantelet de fer fortant de
la fournaife, ou bien en la plongeant
dans un vafe plein d'eau bouillante,
pour y prendre un anneau béni qui y
étoit fufpendu plus ou moins profon-
dément : enfuite on enveloppoit la main
du Patient avec un linge fur lequel le
Juge & la Partie adverfe apofoient leurs
fceaux. Au bout de trois jours on les
levoit, & s'il ne paroiffoit point de
marques de brûlure, on le renvoyoit
abfous.

Les fers & autres inſtrumens qui ſervoient aux épreuves , étoient bénis & gardés dans des Egliſes *privilégiées à cet effet* ; le profit qu'elles en retiroient, étoit une raiſon de plus pour entretenir la crédulité. Il ſembloit que dans ces temps là on avoit entierement oublié le précepte , *tu ne tenteras point le Seigneur ton Dieu.*

Je ſuis fâché que l'*Auteur de l'Eſprit des Loix* ſoit perſuadé que nos ancêtres avoient les mains comme les pates d'un crocodille. *Qui ne voit* , dit-il , *au ſujet des épreuves , que chez un peuple exercé à manier les armes , la peau dure & caleuſe ne devoit pas recevoir aſſez d'impreſſion du fer chaud , ou de l'eau bouillante , pour qu'il y parût trois jours après ? & s'il y paroiſſoit, c'étoit une marque que celui qui faiſoit l'épreuve , étoit un effeminé. Les effeminés* , lui dira-t-on, peuvent être de très honnêtes *gens. Nos payſans* , ajoute-t il , *avec*

T. 2. p. 311.

leurs mains caleuses manient le fer chaud comme ils veulent. Où a t-il vû cela, lui dira t-on encore, & dans quelles provinces nos payfans plongent-ils la main & le poignet dans de l'eau bouillante fans qu'il y paroiffe ?

L'épreuve par le feu étoit en ufage chez les payens : dans *l'Antigone de Sophocle*, des gardes offrent de prouver leur innocence en maniant le fer chaud & en marchant à travers les flâmes. Strabon parle des Prêtreffes de Diane qui marchoient fur des charbons ardens fans fe bruler. S. Epiphane raporte que des Prêtres d'Egipte fe frotoient le vifage avec certaines drogues, & le plongeoient enfuite dans des chaudieres bouillantes, fans paroître reffentir la moindre douleur. Madame de Sevigné dans une de fes Lettres, dit qu'elle vient de voir dans fa chambre un homme qui a fait couler fur fa langue dix ou douze

goutes de cire d'Espagne allumée, &
dont la langue, après cette opération,
s'est trouvée aussi belle qu'auparavant.
Nous avons vû dans les provinces un
charlatan nommé *Gaspard Toulon*, qui se
frotoit les mains avec du plomb fondu.

Pour revenir à l'histoire du Chien
d'*Aubri de Montdidier*, il me semble
qu'une question de droit décidée par
deux Champions : un procès perdu
parce qu'un homme se lasse, & laisse
tomber ses bras : des accusés qu'on déclare innocens parce qu'étant bien liés,
ils vont au fond de l'eau, & d'autres
qu'on croit coupables parce qu'ils
n'ont pas empoigné une barre de fer
rouge sans se brûler ; il me semble,
dis-je, que ces faits doivent rendre le
lecteur moins incrédule sur le duel en
question, & d'autant plus qu'il est con-
staté par un monument : j'ai dit que ce
combat est peint sur une des cheminées
de la grande salle du Château de Mon-

Exerc. 102. *num.* 6.

targis. D'ailleurs des critiques très-judicieux, entr'autres *Jules Scaliger*, & le Pere *Montfaucon*, rapportent cette histoire : ce ne font pas des conteurs de fables. A l'égard des Auteurs qui la placent en 1371 , fous le regne de Charles V, je crois qu'ils fe trompent. *Olivier de la Marche* qui écrivoit vers 1460, la raconte dans fon Traité des Duels , & dit qu'il l'a tirée des *anciennes Chroniques*, expreffion dont on ne fe fert pas en parlant d'un fait arrivé depuis cent ans. Je préfume que ce Chien étoit contemporain de Philippe-Augufte ou de Louis VIII.

RUE DE LA JUIVERIE.

En horreur au peuple, expofés fans ceffe à des avanies, jouets de l'avarice des Princes qui les chaffoient pour s'emparer de leurs biens, & qui leur permettoient enfuite de revenir moyennant de groffes fommes : tel a été le

fort des Juifs en France fous la premiere, la feconde & la troifiéme race
jufqu'en 1394, qu'ils furent abfolument & entierement bannis par Charles VI. Quelques offres qu'ils ayent
faites depuis, même dans les befoins
les plus preffans de l'Etat, ils n'ont jamais pû obtenir d'être de nouveau tolérés. Les plus riches demeuroient dans
les rues de la Pelleterie, de la Juiverie, de Judas & de la Teixeranderie.
Les artifans, les petits Courtiers &
Fripiers occupoient les halles & toutes
ces rues qui y aboutiffent. Ils avoient
leurs écoles dans les rues S. Bon & de
la Tacherie. Leur fynagogue fut, en
differens tems, dans la rue du pet-au-
Diable ou dans le rue de la Juiverie.
Philippe-Augufte en 1183, après les
avoir chaffés, permit à l'Evêque de *Chart. Ep.*
Paris de convertir en Eglife leur fyna- *Parif. Bibl.*
gogue de la rue de la Juiverie : elle de- *Reg. f. 22.*
vint, & a toujours été depuis, l'Eglife

I iv

paroissiale de la Magdeleine. Deux
terreins vagues sur lesquels on bâtit
dans la suite les rues Galande & Pierre-
Sarrazin , leur servoient de cimetieres.
Il ne leur étoit pas permis de paroître
en public sans une marque jaune sur
l'estomach. Philippe le hardi les obligea même de porter une corne sur la
tête. Il leur étoit deffendu de se baigner dans la Seine , & quand on les
pendoit , c'étoit toujours entre deux
Chiens. Sous le regne de Philippe le
bel , leur Communauté s'appelloit *So-*
cietas Caponum , & la maison où ils s'assembloient , *Domus Societatis Caponum,*
d'où est venu sans doute le mot *Capon.*

Regist. du Parl. 1312.

* RUE DE LA JUSSIENNE.

Cette rue s'apelloit anciennement
la rue de l'Egiptienne , à cause d'une
Chapelle de Sainte Marie l'Egiptienne
qui est à l'entrée du côté de la rüe
Montmartre ; le peuple par abréviation

& corruption de mot, s'eſt àccoutumé à l'apeller *la rue de la Juſſienne.*

Nous rions de certains traits dans le culte religieux des Sauvages ; nous avons de la peine à concevoir que la ſimplicité ou l'extravagance de l'eſprit de l'homme puiſſe aller ſi loin ; ces traits ſont-ils auſſi ridicules que ceux qu'enfantoit la dévotion groſſiere de nos ancêtres ? En 1660, le Curé de S. Germain de l'Auxerrois fit ôter de la Chapelle de Sainte Marie l'E-giptienne , un côté de vitrage qui y étoit depuis plus de trois ſiécles , & où elle étoit peinte ſur le pont d'un bateau , trouſſée juſqu'aux genoux de-vant le batelier , avec ces mots au deſ-ſous : *comment la Sainte offrit ſon corps au batelier pour ſon paſſage.*

PORT SAINT LANDRI.

Le corps d'Iſabeau de Baviere , emme de Charles VI, morte le dernier de Septembre 1435, fut porté à Saint Denis d'une façon singuliere: on l'embarqua à ce Port dans un petit bateau, & l'on dit au batelier de le remettre au Prieur de l'Abbaye.

RUE DES LIONS,
près Saint Paul.

Cette rue prit son nom du bâtiment & des cours où étoient renfermés les grands & petits lions du Roi. Un jour que François I s'amusoit à regarder un combat de ses lions, une Dame ayant laissé tomber son gant, dit à *De Lorges*, si vous voulez que je croye que vous m'aimez autant que vous me le jurez tous les jours, allez ramasser mon gant. *De Lorges* descend, ramasse le gant au milieu de ces terribles animaux, remonte, le jette au nez de la Dame & depuis, malgré toutes les avances & les agaceries qu'elle lui faisoit, ne voulut jamais la voir.

Brantôme.
Dames ga-
lantes.

RUE DES MARMOUZETS.

» Ceux d'entre nous, dit le Commif-
» faire de la Marre, qui ont vû le com-
» mencement du règne de Sa Majefté,
» fe fouviennent encore que les rues de
» Paris étoient fi remplies de fanges,
» que la néceffité avoit introduit l'ufage
» de ne fortir qu'en bottes ; & quant à
» l'infection que cela caufoit dans l'air,
» le fieur Courtois Médecin qui demeu-
» roit rue des Marmouzets", a fait cette
» petite expérience par laquelle on ju-
» gera du refte. Il avoit dans fa Salle,
» fur la rue, de gros chenêts à pomme
» de cuivre, & il a dit plufieurs fois aux
» Magiftrats & à fes amis que tous les
» matins il les trouvoit couverts d'une
» teinture de vert-de-gris affez épaiffe
» qu'il faifoit nettoyer pour faire l'expé-
» rience le jour fuivant ; & que depuis
» l'année 1665 que la police du net-
» toyement des rues a été rétablie, ces

Traité de la Police. T.1. p. 560.

I vj

» taches n'avoient plus paru. Il en tiroit
» cette conséquence que l'air corrompu
» que nous respirons faisoit d'autant plus
» d'impressions malignes fur les poul-
» mons & fur les autres viscères, que ces
» parties font incomparablement plus
» délicates que le cuivre, & que c'é-
» toit la cause immédiate de plusieurs
» maladies.

RUE DU MALTHOIS,
Près de l'Arcade de la Grêve.

Le jeune Roi Philippe que Louis le
gros fon pere s'étoit associé & avoit fait
couronner à Rheims, passant près de
Saint Gervais, un cochon s'embarrassa
dans les jambes de fon cheval qui s'ab-
batit, & ce jeune Prince tomba si
rudement qu'il en mourut le lendemain
trois Octobre onze cent trente & un. Il
fut alors défendu de laisser vaguer des
Pourceaux dans les rues. Dans la suite

ceux de l'Abbaye S. Antoine furent privilégiés, les Religieuses ayant représenté que ce seroit manquer à leur Patron que de ne pas excepter ses Cochons de la règle générale.

RUE SAINT MARTIN.

On apelloit *Champclos* un terrein qu'on couvroit de fable, & qu'on entouroit d'une double barriere avec des échaffauts pour le Roi & les Juges du champ, pour les Dames, les gens de la Cour & le Peuple. Ces efpèces de théâtres deftinés à être arrofés du fang de la Noblefle, fe faifoient ordinairement aux dépens de l'accufateur : quelquefois l'accufé avoit la fierté de vouloir qu'ils fe fiffent à frais communs. *Il y a grande aparence,* dit Sauval, *que les Lices ou Champclos de S. Martin des Champs & de l'Abbaye de S. Germain des prez, étoient toujours prêts, & qu'on les*

T. 2. p. 581 & 668.

laiſſoit là ſans les renouveller , juſqu'à ce qu'ils ne fuſſent plus en état de ſervir. Les Religieux de ce Prieuré & de cette Abbaye avoient ſans doute la bonté de les louer , & on leur avoit l'obligation de trouver un endroit où ſe couper la gorge , qui coutoit beaucoup moins que s'il eût fallu le faire préparer exprès.

Je vais rapporter un paſſage de Brantome , qui me conduira à quelques réflexions, ſur les combats judiciaires & ſur les duels : j'eſpere qu'elles paroîtront ſi naturelles qu'on ſera étonné qu'elles ayent échappé à tant d'Auteurs qui ont traité cette matière.

Mémoires ſur les duels. p. 194.

Au combat de feu mon oncle de la Chataigneraye contre Jarnac , dit Brantome , parmi la grande & ſuperbe aſſemblée qui s'y trouva , il y avoit grande quantité d'Ambaſſadeurs , & entr'autres celui du grand Sultan Soliman , lequel s'étonna fort & trouva fort étrange ce combat d'un Gentilhomme Francois contre un

Gentilhomme François , & furtout d'un favori de Roi contre un autre ; le Roi les allant mettre & expofer ainfi en tel carnage & maffacre. Les Mahometans ne font pas cela , & mettent tout leur point d'honneur à bien fervir leur Prince , & à prendre & foutenir fa querelle en guerre... Les anciens Grecs difoient que ces combats apartenoient aux Barbares. Les anciens Romains ont été de la même opinion que les Grecs & les Turcs ; ils n'ont nullement aprouvé tous ces duels & combats , ni ne fe font enfoncés en nos points d'honneur de nous autres Chrétiens.

Les Grecs & les Romains , comme aujourd'hui les Mahométans , étoient vêtus de longs habits , n'avoient point d'armes dans les Villes , & n'en portoient qu'à la guerre : il n'étoit donc gueres poffible qu'une querelle entre deux Citoyens eût des fuites fanglantes.

Les Peuples de la Germanie n'avoient

point de Villes ; ils habitoient les Forêts ; leurs habits pour ne pas les embaraſſer à la chaſſe, devoient être courts & leur ſerrer le corps ; la crainte des bêtes féroces les obligeoit d'être toujours armés ; le premier mouvement d'un homme armé lorſqu'on l'inſulte, eſt de porter la main ſur ſon arme : voilà, je crois l'origine des duels que les autres Nations reprochoient aux peuples du Nord, & qu'on reproche à leurs deſcendans. Voyons à préſent comment ces combats furent judiciairement autoriſés, & pourquoi on en regardoit l'événement comme *un jugement de Dieu.*

Les Francs, lorſqu'ils eurent achevé, ſous la conduite de Clovis, leur établiſſement dans les Gaules, ſentirent la néceſſité d'avoir des loix écrites, pour régler l'adminiſtration de la Juſtice & conſtituer une forme poſitive de Gouvernement. Il n'y a qu'à lire Tacite, &

l'on verra que ces Loix qu'on apella *De Moribus germon.*
Saliques, furent redigées fur les ufa-
ges & coutumes des *Germains* : on n'y
fit que les changemens & les modifica-
tions qu'éxigeoit l'état préfent d'une
nation qui n'étoit plus errante , & où
chaque Particulier commençoit à jouir
en propriété du partage qui lui étoit
échu dans les Terres conquifes. La malheureufe coutume de fe faire juftice foi-
même par la force , tranfmife pour ainfi
dire avec le fang d'âge en âge , chez
tous les Peuples fortis de la Germanie , *Ibid. c. 21.*
leur fembloit auffi ancienne & auffi
noble que leur origine. Il n'étoit pas
poffible d'efpérer que l'on perfuaderoit
à des Conquérans de renoncer à un
ufage qu'ils regardoient non-feulement
comme une marque de leur indépendance , mais comme le droit de tout
homme libre. Si *Numa* n'eût pas de
peine à l'abolir chez les Romains , il
faut confidérer que ce Légiflateur tant

vanté, qui commandoit au plus à deux lieues à la ronde, dans un afile d'efclaves fugitifs & de brigands, n'avoit befoin que d'être un paffable Lieutenant de Police : il étoit aifé de faire accepter toutes fortes de réglemens à une troupe de fcélérats que l'efpoir de l'impunité avoit rendus compatriotes, qui fe méprifoient & fe craignoient mutuellement ; & dont chacun, jugeant des autres par lui-même, devoit pour fa propre fûreté courir au devant du frein des Loix. Nos ancêtres étoient bien différens : l'équité naturelle, la candeur & la bonnefoi faifoient le fond de leur caractère : comme ils n'apréhendoient pas les lâchetés, ils auroient eu honte de fe garantir contre la force & le courage : ne s'étant point dégradés par des crimes, ils fentoient un peu trop fiérement qu'ils étoient des hommes. *Les Sages* qu'ils avoient choifis pour rédiger les Loix, furent donc obligés de fe conformer aux préjugés de cet honneur sauvage qui dominoit les esprits : ils tâcherent seulement d'en diminuer les funestes effets en l'assujettissant à des formalités. Il fut dit que celui qui se croiroit lézé par un autre dans son honneur ou dans ses biens, le citeroit devant le Juge, & qu'après avoir exposé son grief, il pourroit déclarer à haute voix qu'il regardoit désormais *l'homme présent comme son ennemi & qu'il le poursuivroit & l'attaqueroit partout.*

Si les preuves contre l'accusé étoient convainquantes, le Juge terminoit l'affaire en le condamnant à l'amende. Il faut remarquer que chez *les Francs,* comme chez *les Germains,* l'homicide même s'expioit par une somme d'argent, & que sous la premiere & la seconde race, & pendant près de quatre siécle sous la troisiéme, un *Noble* ne pouvoit être puni de mort que pour

Tacite. Ibidem. c. 21.

crime de leze-Majesté ou de trahison
envers la Patrie.

Au défaut de preuves convainquantes, on admettoit le ferment. *Si deux*
voisins, difent les Capitulaires de Dagobert, *font en difpute fur les bornes de*
leurs poffeffions, qu'on leve un morceau de
gazon dans l'endroit contefté ; que le
Juge le porte dans * *le malle ; que les*
deux parties en le touchant de la pointe de
leurs épées, prennent Dieu à temoin de
la juftice de leurs prétentions ; qu'ils
combattent après, & que la victoire dé-
cide du bon droit.

*Lieu où se tenoient les assises.

Dans les cas de crimes capitaux, on
tâchoit d'augmenter l'apareil du ferment, & de le rendre encore plus re-
doutable aux Parties, en les faifant
jurer fur les Reliques des Saints pour
qui l'on fçavoit qu'elles avoient le plus
de vénération. Laiffant à part le trouble
d'un miférable qui vient de fe parjurer

& la fermeté qu'inspire l innocence , il étoit naturel de regarder l événement d'un combat autorisé par la Loi & consacré par des cérémonies religieuses , comme un jugement formel par lequel Dieu faisoit connoître la vérité ou la fausseté de l'accusation. Le vaincu étoit tout de suite traîné sur une claye , en chemise , jusqu'au lieu patibulaire où on le pendoit , mort ou vif. *Legris* que la femme de Carrouge accusoit de l'avoir violée , terrassé & sous son ennemi , soutint toujours qu'il étoit innocent ; *mais il n'en passa pas moins pour convaincu par l'issue du combat , dit le Laboureur ; son corps fut traîné au* Liv.6.c.10. *Gibet selon la coutume de pareils événemens , & il paya de son honneur & de son sang le crime d'un malheureux qui fut depuis exécuté à mort pour d'autres méfaits , & qui s'accusa de ce viol.*

On sera sans doute surpris de voir qu'on faisoit subir un suplice honteux à un *Noble* parce qu'il fuccomboit dans l'épreuve par le duel, lorfque *ce Noble*, déclaré atteint & convaincu du même crime fur des preuves certaines & pofitives, en eut été quitte pour une amende. Après avoir bien réfléchi fur une coutume qui paroît fi bizarre, je crois en avoir trouvé l'origine dans *les ufages des Germains :* on ne pouvoit punir de mort *un Germain* que lorfque le ciel même fembloit avoir prononcé fon arrêt. *Chez eux, le fuplice du coupable, dit* Tacite, *eft moins confideré comme une punition que l'autorité du Chef foit en droit d'ordonner, que comme une inf-piration & un commandement exprès du Dieu qui préfide aux combats.* Velut Deo imperante, quem adeffe bellantibus credunt.

De Moribus germ. c. 7.

Une partie de la confifcation des biens du vaincu, apartenoit au Seigneur haut-jufticier; ainfi les Evêques, les Abbés, les Prieurs & les Chapitres

qui poſſédoient des Fiefs & des Sei-
gneuries, crurent qu'on pouvoit permettre que les procès civils & criminels
ſe décidaſſent par le duel. Le Pape
Nicolas I le regardoit comme *un com-* *Ann. 858.*
bat légitime & un conflit autoriſé par les
loix. Pierre le Chantre qui écrivoit vers
1180, dit (1) *que quelques Egliſes ju-*
gent & ordonnent le duel, & font com-
battre les champions dans la cour de l'E-
vêque ou de l'Archidiacre, comme on fait
à Paris, & que le Pape Eugene III
conſulté ſur ces combats, répondit qu'il
falloit continuer d'agir ſuivant l'ancienne
coutume. Louis VI déclara par une
charte que les *Serfs* ou *hommes de corps*
de l'Egliſe de Paris, pourroient témoi-

___

(1) *Quædam Eccleſia habent monomachias, &* *Cod. MS.*
judicant monomachiam debere fieri inter ruſticos *Abb. S. Vict.*
ſuos ; & faciunt eos pugnare in curiâ Eccleſia, *Pariſ.*
in atrio Epiſcopi vel Archidiaconi, ſicut fit Pa-
riſiùs. De quo conſultus Papa Eugenius, reſpon-
dit, utiminii conſuetudine veſtrâ.

gner contre qui que ce pût être , & que
quiconque les traiteroit de parjures , seroit tenu de prouver son accusation par
la voie du duel , sinon qu'il perdroit sa
cause & seroit obligé , sous peine d'excommunication , de satisfaire à l'insulte
faite à l'Eglise. Sous le regne de Louis
le jeune , les Religieux de Sainte Genevieve offrirent de prouver par le duel
que les habitans d'un petit village auprès de Paris , étoient *hommes de corps*
de leur Abbaye. Sous le même regne ,
les Religieux de Saint Germain des
Hist. & prez , ayant demandé le duel pour
preuves.
ann. 1154. prouver qu'Etienne de Maci avoit eu
tort d'emprisonner un de leurs Serfs ,
les deux champions combattirent long-
temps avec un égal avantage ; *mais*
enfin , à l'aide de Dieu , dit l'historien ,
celui de l'Abbaye emporta l'œil de son
adversaire , & l'obligea de confesser qu'il
étoit vaincu. Les Roturiers & les Serfs
combattoient avec des batons , &
avoient

avoient un bouclier pour parer les coups. Dans les auditoires de tous les Seigneurs Eccléfiaftiques & Laïques, à la place du crucifix qu'on y met aujourd'hui, on y voyoit la figure de deux champions armés de toutes pieces, acharnés au combat. Ragueau raporte qu'il y avoit deux pareilles figures dans la Chambre d'audience du Chapitre de S. Merri : *je fuis bien* *T.2. p.58* *trompé*, dit Sauval, *fi je n'en ai pas vû moi-même dans les deux Chambres des Requêtes du Palais, avant qu'on les eût peintes, dorées & ornées comme elles font à préfent ; & je penfe, ajoute-t-il, que derriere le crucifix de l'une de ces Chambres, il refte encore une grande partie de la figure d'un de ces champions, fi elle n'y eft pas en entier.*

Dans les reglemens de Philippe le Bel fur les duels, il eft dit : *Ann.* 1306.

Que les lices feront de quarante

Tome I. K

pas de large & de quatre-vingt pas de long.

Que l'on n'accordera le duel que lorsqu'il n'y aura que des indices contre l'accusé, & que les preuves ne seront pas suffisantes.

Qu'au jour désigné, les deux combattans partiront de leurs maisons, à cheval, la visiere levée, & faisant porter devant eux glaive, hache, épée & autres armes raisonnables pour attaquer & se défendre ; qu'ils marcheront doucement, faisant de pas en pas le signe de la croix, ou bien ayant à la main l'image du Saint auquel ils ont le plus de confiance & de dévotion.

Qu'arrivés dans le champclos, l'apellant ayant la main sur le Crucifix, jurera sur sa foi de baptême, sur sa vie, son ame & son honneur, qu'il croit avoir bonne & juste querelle, & que d'ailleurs il n'a sur lui, sur son

cheval, ni en ſes armes, herbes, charmes, paroles, pierres, conjurations,
pactes ou incantations dont il veuille
ſe ſervir. L'apellé fera les mêmes fermens.

Que le corps du vaincu, s'il eſt tué,
fera livré au Maréchal du camp juſqu'à ce que Sa Majeſté ait déclaré ſi
elle veut lui pardonner, ou en faire
juſtice, c'eſt-à-dire *le faire attacher au
gibet par les pieds.*

Qu'au vaincu, s'il eſt vivant, les
éguilletes feront coupées ; qu'il fera
déſarmé & deshabillé ; que tout ſon
harnois fera jetté ça & là par le camp,
& qu'il reſtera couché à terre juſqu'à
ce que Sa Majeſté ait pareillement déclaré ſi elle veut en faire juſtice ou lui
pardonner. Qu'au ſurplus, tous ſes
biens feront confiſqués au profit du
Roi, après que le vainqueur aura été
préalablement payé de ſes frais &
domages.

K ij

Le combat de la (1) Châtaigneraye & de Jarnac, dans la cour du Château de Saint Germain-en-Laye, le 10 de Juillet 1547, a été le dernier duel

Addit. aux Mémoir. de Castelnau. T. 2 p. 554.

(1) » Cartel de François de Vivonne » de la Châtaigneraye.

» Sire, ayant appris que Guy Chabot a été » dernierement à Compigne, où il a dit que » quiconque avoit dit qu'il s'étoit vanté d'a- » voir couché avec sa belle mere, étoit mé- » chant & malheureux ; surquoi, Sire, avec » votre bon plaisir & vouloir, je réponds qu'il » a méchamment menti & mentira toutesfois » & quantes qu'il dira qu'en cela j'ai dis chose » qu'il n'a pas dit : car il m'a dit plusieurs » fois & s'est vanté d'avoir couché avec sa » belle-mere.

François de Vivonne.

» Cartel de Guy Chabot de Jarnac. »

» Sire, avec votre bon plaisir & congé, je » dis que François de Vivonne a menti de » l'imputation qu'il m'a donnée, de laquelle » je vous parlai à Compiegne ... & pource, » Sire, je vous suplie très-humblement qu'il » vous plaise nous octroyer le champ à toute » outrance.

Guy Chabot,

autorifé. Henri II fut fi fâché de la mort de la Châtaigneraye fon favori, qu'il jura folemnellement d'abolir ces fortes de combats.

On fit voir à Henri IV par plus de fept mille Lettres de grace expediées à la Chancellerie, qu'il y avoit eu aumoins fept ou huit mille Gentilhommes tués en duel depuis dix-fept ou dix-huit ans. Les duels étoient rares tandis qu'ils furent permis, parce

---

» Serment de François de Vivonne. »

» Moi François de Vivonne jure fur les
» Saints Evangiles de Dieu, fur la Vraie
» Croix & fur la foi du Baptême que je tiens
» de lui, qu'à bonne & jufte caufe je fuis venu
» en ce camp pour combattre Guy Chabot,
» lequel a mauvaife & injufte caufe de fe def-
» fendre contre moi, & que d'ailleurs je n'ai
» fur moi ni en mes armes, paroles, charmes
» ou incantations, defquelles j'aye efperance
» de grever mon ennemi, & defquelles je
» me veuille aider contre lui.

Chabot fit le même ferment.

qu'un homme en se battant furtive-
ment, se seroit deshonoré & auroit
passé pour un assassin : parce qu'en se
plaignant & en demandant le combat,
il satisfaisoit à son honneur ; parce que
les Juges informés de la querelle par la
plainte, tâchoient de l'accommoder :
parce qu'il n'étoit gueres possible que
celui qui avoit tort, ne fut intimidé par
les sermens qu'il falloit faire, & parce
qu'enfin il falloit vaincre ou mourir, &
mourir deshonoré. D'ailleurs la noblesse
n'étant pas encore venale comme elle
l'est aujourd'hui, un Gentilhomme esti-
moit assez son sang, & même celui de
son ennemi, pour croire qu'ils en
étoient l'un & l'autre responsables à la
patrie, & parconséquent pour ne pas
chercher à le répandre légerement.

Les Edits de Louis XIV contre les
duels, sont très-séveres ; mais on ne
détruira jamais les funestes préjugés du

point d'honneur que par la honte & le
ridicule. J'établirois dans différens
quartiers de Paris quatre endroits où
tous les Dimanches on donneroit au
public le divertiſſement d'un duel. Il y
auroit un prix en argent , avec une
grande médaille, pour l'heureux Cham-
pion qui tueroit ſon adverſaire. Les
aſpirans à la gloire de ces combats ,
iroient la veille faire inſcrire leur nom
& leurs qualités chez un Commiſſaire
chargé de ce détail ; enſuite ils tire-
roient au ſort , & lorſque chacun de
ces Meſſieurs auroit ſçû l'Athelete auquel il auroit affaire, ils pourroient aller
ſouper tous enſemble, comme d'honnêtes gens , qui s'égorgeront le lendemain , mais ſans ſe haïr , & ſeulement
parce qu'ils ont du cœur. J'abolirois en
même temps la peine de mort contre les
Gentilshommes qui ayant eu querelle
enſemble , ſe battroient ; mais je les

obligerois de porter la médaille. L’idée d’être confondu avec des miférables qui expoferoient leur vie pour de l’argent, & de n’être pas regardé pour plus brave qu’eux, établiroit infenfiblement dans l’imagination la moins pacifique, non-feulement de la répugnance, mais même de la honte & de l’infamie à provoquer & à être provoqué pour fe battre : d’autant plus qu’avoir efcrimé dans quelques combats particuliers, n’eft point du tout une preuve fûre qu’on a véritablement de la valeur. Si la mode avoit été chez les Romains, comme elle eft parmi nous, de tâcher de s’enfoncer réciproquement une épée dans le corps à la moindre offenfe, je foutiens que les combats de Gladiateurs l’auroient fait tomber. M. Duclos prétend *que ce point d’honneur, quelquefois chimérique, peut avoir l’avantage d’entretenir une certaine fenfibilité d’ame plus généreufe &*

Memoires d: l’Acad. des Infcrip. T. 15. P. 630.

plus puiſſante que le ſimple devoir. Je n'entends pas trop ce que c'eſt que la ſenſibilité *généreuſe* d'une ame ſur laquelle le devoir n'eſt pas tout-puiſſant, ou ſi je l'entends, cela veut dire que l'ame d'un François n'eſt pas comme celle d'un ancien Grec, d'un ancien Romain, d'un Turc, d'un Perſan, & que ſi elle ne s'entretenoit pas journellement dans l'idée de ferrailler à la moindre petite inſulte perſonnelle, il pourroit lui arriver de ſe modifier ignominieuſement dans une bataille où il ne s'agit que du devoir de Citoyen. Si ce commentaire explique la penſée de M. Duclos, elle eſt fauſſe & peu réfléchie.

L'Auteur *des Elemens de l'Education*, imprimés en 1640, croit que la mouſtache peut contribuer à rendre un homme valeureux. *J'ai bonne opinion,* dit-il, *d'un jeune Gentilhomme curieux d'avoir une belle mouſtache. Le temps*

K v

qu'il passe à l'ajuster & à la redresser, n'est point du tout un temps perdu ; plus il l'a regardée, plus son esprit doit s'être nourri & entretenu d'idées mâles & courageuses. Il paroît en effet que l'amour & l'orgueil de la moustache étoit ce qui mouroit le dernier dans *les Braves* de ce temps-là. *Le Mercure François* raporte » que l'Exécuteur coupant les » cheveux du Comte de Bouteville, » ledit * Bouteville porta la main à sa » moustache, qui étoit belle & grande, » & qu'alors l'Evêque de Nantes lui » dit, mon fils, il ne faut plus penser » au monde ; quoi, vous y pensez en- » core ! »

Ann 1627. p. 452.

* Décapité pour duel.

* RUE DE LA PARCHEMINERIE.

Avant que l'Imprimerie fût connue en Europe, les Bénédictins, les Bernardins & les Chartreux s'occupoient à copier les anciens Auteurs : nous leur avons l'obligation de nous avoir conservé une infinité de Livres. Les Chartreux fçachant que Guy Comte de Nevers vouloit leur faire préfent de vafes d'argent, marquerent qu'il leur feroit plus de plaifir s'il vouloit leur donner du parchemin. L'ufage du papier tel que nous l'avons aujourd'hui, n'eft pas bien ancien ; on ne fe fervoit encore que de parchemin fous le regne du Roi Jean.

RUE NEUVE SAINT MERRY.

En 1358, Perrin Macé, Garçon Changeur, affaffina dans cette rue Jean Baillet Tréforier des Finances. Le Dauphin, depuis Charles V, Régent du Royaume pendant la prifon du Roi Jean fon pere, ordonna à Robert de Clermont Maréchal de Normandie, d'aller enlever ce fcélérat de l'Eglife

Choifi. hift. du Roi Jean.

Malingre. de S. Jacques de la Boucherie où il s'étoit réfugié, & de le faire pendre : ce qui fut exécuté. Jean de Meulant Evêque de Paris, cria à l'impiété, prétendit que c'étoit violer les immunités Eccléſiaſtiques, envoya ôter du gibet le corps de cet Aſſaſſin, & lui fit faire *Hiſtoire de* dans cette même Egliſe de S. Jacques *Paris.* de la Boucherie, d'honorables funérailles auxquelles il aſſiſta : c'étoit bien de l'honneur à ce Pendu. Quelques jours après, Robert de Clermont fut maſſacré dans une ſédition, en ſou-*Daniel.* tenant les intérêts de ſon Roi ; Jean de Meulant défendit qu'on lui donnât la ſépulture dans aucune Egliſe ou Cimetiere, diſant qu'il avoit encouru l'Excommunication en faiſant enlever Perrin Macé d'un lieu ſaint, & qu'un excommunié ne devoit pas être enterré parmi les Fidéles. Il paroît que ce Prélat ne s'étoit pas nourri l'eſprit de la lecture

de l'Ancien Teſtament : il y auroit vû
que *les lieux de refuge* déſignés par
Moïſe, établis par Joſué, n'étoient pas
pour les aſſaſſins, mais pour ceux qui
par malheur avoient commis un meurtre
involontaire, & que Dieu dit *ſi quel-*
qu'un a tué ſon prochain de deſſein pré-
médité, vous l'arracherés de mon autel,
afin qu'il ſoit puni. Louis XII aimoit
trop ſon peuple, & ſa religion étoit trop
éclairée pour ne pas abolir abſolument
& entierement le droit de ſervir d'aſiles dont jouiſſoient pluſieurs Egliſes
& Couvens de Paris ; entr'autres ,
S. Jacques de la Boucherie , S. Merry,
Notre-Dame, l'Hôtel-Dieu, l'Abbaye
de Saint Antoine , les Carmes de la
Place Maubert & les Grands Auguſtins. On va juger de l'abus de ces aſiles
par un ſeul exemple : en 1365, Guillaume Charpentier aſſaſſina ſa femme ;
ſon crime étoit public, prouvé, avéré ;
il convenoit lui-même qu'il l'avoit

Num. c. 35.
v. 6.

Exod. c. 21.
v. 14.

commis ; des Sergens l'arracherent de l'Hôtel-Dieu où il s'étoit réfugié , & le traînerent en prison ; il présenta sa plainte sur laquelle le Parlement condamna les Sergens à l'amende, & or-donna que ledit Guillaume Charpentier seroit rétabli dans son asile, & en effet il y fut remis : je ne sçais pas ce qu'il devint , & s'il se remaria , mais il est certain qu'il ne fut pas puni.

Rue des trois Pavillons.

Diane de Poitiers femme de Louis de Brezé Grand Sénéchal de Norman-die, que Henri II fit Duchesse de Va-lentinois , demeuroit à l'Hôtel Bar-bette. En 1561 , les Duchesses d'Au-male & de Bouillon, ses filles , vendi-rent cet Hôtel (comme faisant partie de la succession de leur pere) à diffe-rens particuliers qui le firent démolir & qui commencerent à bâtir sur son emplacement les rues de Diane, du Parc Royal, & la nouvelle rue Barbette. On ne fçait pas pourquoi la rue de Diane a changé de nom pour prendre celui des trois Pavillons.

Le pucelage de la jeune Diane, dit un faiseur d'anecdoctes, *etoit un friand morceau & bien digne d'être préfenté en offrande aux plus grands Monarques: auffi notre bon Roi François ne l'éconduifit-il pas.* Il eft certain que François I accorda à Diane de Poitiers la grace du Comte de S. Vallier fon pere, condamné à mort en 1523, pour avoir trempé dans les projets du Connétable de Bourbon. A l'égard *du pucelage*, l'Auteur fe trompe, puifqu'il y avoit huit ans qu'elle étoit mariée, ayant époufé Louis de Brezé le 29 Mars 1514. Brantome la fait naître en 1496: le P. Anfelme en 1499 & Duchefne *Hift. genealog. du P. Anfelme. T. 2. p. 207.* en 1500; ainfi elle avoit aumoins quarante ans lorfque Henri II, qui n'en

avoit que dix-huit, en devint si éper-
duement amoureux ; & quoiqu'âgée
de près de soixante à la mort de ce
Prince, elle avoit toujours conservé le
même empire sur son cœur : il portoit
sa livrée (le noir & le blanc *) au
Tournoi où il fut blessé.

Elle avoit les cheveux extrêmement
noirs, & bouclés, la peau très blanche, les dents, la jambe & les mains
admirables, la taille haute, & la dé-
marche la plus noble. Elle ne fut jamais malade. Dans le plus grand froid,
elle se lavoit le visage avec de l'eau
de puits, & n'usa jamais d'aucune po-
made. Elle s'éveilloit tous les matins à
six heures, montoit souvent à cheval,
faisoit une ou deux lieues & venoit se
remettre dans son lit où elle lisoit jusqu'à midi. Tout homme un peu distin-
gué dans les Lettres, pouvoit comp-
ter sur sa protection ; les Calvinistes
qui la haïssoient, ont mis Clement

Marot au nombre de ses amans favorisés.
Elle répondit fièrement à Henri II qui
vouloit reconnoître une fille (1) qu'il
avoit eue d'elle : *J'étois de naissance à*
avoir des enfans légitimes de vous ; j'ai
été votre Maitresse, parce que je vous
aimois ; je ne souffrirai pas qu'un arrêt
me déclare votre concubine.

Les Courtisans qui avoient été si
longtemps dans l'adoration devant
elle, lui tournerent le dos suivant l'u-
sage, dès que Henri II fut à l'extré-
mité, & Catherine de Médicis lui envoya ordre de rendre les pierreries de
la Couronne, & de se retirer dans un
de ses Châteaux : *le Roi est-il mort ?*
demanda-t-elle à celui qui étoit chargé
de cette commission. *Non, Madame,*
répondit-il, *mais il ne passera pas la*
journée. Eh bien, répliqua-t-elle, *je n'ai*

____

(1) Elle vivoit encore en 1620, & s'appelloit Mlle de la Montagne.

*donc point encore de Maître , & je veux
que mes ennemis ſçachent que quand ce
Prince ne ſera plus , je ne les crains
point ; ſi j'ai le malheur de lui ſurvivre
longtems , mon cœur ſera trop occupé de
ſa douleur pour que je puiſſe être ſenſi-
ble aux chagrins & aux dégouts qu'on
voudra me donner.* —

Elle mourut le 26 Avril 1566 ,
âgée de 66 ans , trois mois , 27 jours ,
après avoir ordonné par ſon Teſtament
qu'on expoſât ſon corps dans l'Egliſe
des *Filles Pénitentes* , avant que de le
tranſporter à Anet où il fut inhumé.
Je la vis , dit Brantome , *ſix mois avant
ſa mort ſi belle encore que je ne ſçache
cœur de rocher qui ne s'en fut ému , quoique quelque temps auparavant elle ſe fut
rompu une jambe ſur le pavé d'Orléans ,
allant & ſe tenant à cheval auſſi dextre-
ment & diſpoſtement comme elle avoit jamais fait ; mais le cheval tomba & gliſſa
ſous elle ; il auroit ſemblé que telle rup-*

*Hilar. de
Coſte. Da-
mes Illuſ-
tres. T. 1.
p. 510.*

*Dames ga-
lantes. T.2.
p. 239.*

ture & les maux qu'elle endura , auroient
dû changer sa belle face ; point du tout ;
sa beauté , sa grace & sa belle aparence
étoient toutes pareilles qu'elles avoient
toujours été. C'est domage que la terre
couvre un si beau corps ! ... elle étoit fort
debonnaire , charitable & aumoniere. ...
·Il faut que le peuple de France prie Dieu
qu'il ne vienne jamais favorite de Roi
plus mauvaise que celle-là ni plus mal-
faisante.

> *Vie de Henri II. p. 11.*

Elle est, je crois, la seule pour qui
l'on a frapé des Médailles. » M. Pei-
» resc , dit l'Etoile, m'a envoyé la Mé-
» daille en cuivre de la Duchesse de
» Valentinois : d'un côté est sa figure
» avec cette Inscription , *Diana Dux*
» *Valentinorum clarissima* , & au revers*
» *omnium victorem vici.* » L'Abbé de
Choisi dans son Histoire Ecclésiastique
où il est assez singulier de trouver de
pareils détails , prétend que la Duchesse de Valentinois , *fiere de sa vertu*

> *29 Mars, ann. 1608.*

> * « J'ai vain-
> cu le Vain-
> queur de
> tous. »

Hift. Ecclef.
T. 9. ann.
1559. véritable ou fauſſe , fit frapper cette Médaille où elle eſt repréſentée , *foulant aux pieds l'Amour.* Cela s'accorde aſſez avec la fierté qu'elle marqua en ne voulant pas faire reconnoître la fille qu'elle avoit eue de Henri II ; mais cela ne s'accorde pas avec l'article de ſon Teſtament où elle veut qu'on lui faſſe faire après ſa mort une ſtation dans l'Egliſe des Filles Pénitentes. M. de Trudaine a dans ſon cabinet cette Médaille en argent ; elle eſt très rare ; il a bien voulu me la communiquer. Je crois que ce fut la ville de Lyon où cette Ducheſſe étoit très-aimée , qui la fit fraper , & que ces mots , *j'ai vaincu le Vainqueur de tous* , ſont allégoriques à Henri II , qui fit auſſi frapper en 1552 Mezeray. une autre Médaille où elle eſt repréſentée ſous la figure de Diane , la gorge nue , le carquois ſur l'épaule , tenant d'une main une fléche , & de l'autre s'appuyant ſur ſon arc , avec ces mots ,

nomen ad aſtra. Les Henri-Diane, avec des Croiſſans, c'eſt-à-dire les H & les D, qu'on voit enlacés dans le Louvre, ſont encore d'autres monumens de la paſſion de ce Prince.

R u e d e l a P o t e r i e.

En 1600, des Comédiens de Province obtinrent la permiſſion de s'établir à Paris ; ils ouvrirent leur Théâtre à l'*Hôtel d'Argent* dans cette rue. En 1609, a l'occaſion de quelques déſordres arrivés à la porte de ce Spectacle & de celui de l'Hôtel de Bourgogne, le Juge de Police rendit une ordonnance dont je rapporterai les principaux articles ; ils m'ont paru curieux par la comparaiſon des temps & des mœurs.

» Sur la plainte faite par le Procureur
» du Roi, que les Comédiens de l'Hô-
» tel de Bourgogne & de l'Hôtel d'Ar-

» gent finiſſent leurs Comédies à heures
» indûes & incommodes pour la ſaiſon
» de l'Hyver , & que ſans permiſſion ,
» ils exigent du Peuple ſommes exceſſi-
» ves : étant néceſſaire d'y pourvoir &
» de leur faire taxe modérée, Nous avons
» fait & faiſons très-expreſſes défenſes
» aux-dits Comédiens , depuis le jour
» de la Saint Martin juſqu'au quinziéme
» Février , de jouer paſſé quatre heures
» & demie au plus tard ; auxquels pour
» cet effet enjoignons de commencer
» préciſément, avec telles perſonnes qu'il
» y aura , à deux heures après midi , &
» finir à ladite heure de quatre heures
» & demie , & que la porte ſoit ouverte
» à une heure préciſe.

» Défendons aux Comédiens de pren-
» dre plus grande ſomme des habitans
» & autres perſonnes , que de cinq ſols
» au Parterre & de dix ſols aux loges
» & Galleries ; & en cas qu'ils ayent
» quelques actes à repréſenter où il con-

» viendra plus de frais, il y fera par
» nous pourvu fur leur requête.

Paris, dit M. le Préfident Hainault, *étoit alors bien différent de ce qu'il eft aujourd'hui ; il n'y avoit point de lanternes, il y avoit beaucoup de boues, très-peu de caroffes & quantité de voleurs.* On peut ajouter qu'il étoit plus aifé à un Comédien de s'entretenir dans ce temps-la avec vingt fols qu'à préfent avec fix francs.

Au commencement du regne de Louis XIII, les Comédiens de *l'Hôtel d'Argent* quitterent ce quartier, & louerent un jeu de paume dans la vieille rue du Temple : on les appella *la troupe du Marais.* Ce fut fur ce Théâtre du Marais que deux Comédiennes (les Demoifelles Marotte Beaupré & Catherine des Urlis) fe donnerent rendez-vous pour fe battre l'épée à la main, & fe battirent en effet à la fin de la petite piéce. Sauval dit qu'il étoit ce jour-là à la Comédie. T.2.p.578.

RUE DES (1) PROUVAIRES.

En 1476, Alphonse V, Roi de Portugal, vint à Paris pour y solliciter des secours contre Ferdinand fils du Roi d'Arragon qui lui avoit enlevé la Castille. Louis XI, disent les Historiens, lui fit rendre de grands honneurs, & tâcha de lui procurer tous les amusemens possibles : on le logea dans cette rue chez un Epicier nommé Laurent Herbelot : on le mena au Palais où il eut le plaisir d'entendre plaider une très-belle *Malingre.* Cause : le lendemain il alla à l'Evêché *Aunales de* où l'on procéda en sa présence à la *Paris.* réception d'un Docteur en Théologie, & le Dimanche suivant premier Décembre & veille de son départ, on ordonna *Chron. de* une Procession de l'Université, qui passa *Louis XI.* sous ses fenêtres. Voilà un Roi bien honorablement logé & bien amusé.

(1) Ou rue des Prêtres : *prouaire* en vieux langage signifioit un Prêtre.

RUE

RUE ET BUTE S. ROCH.

En parlant de l'enceinte commencée fous Charles V en 1367 , achevée fous Charles VI en 1383 , & qui fubfifta jufqu'en 1635 , j'ai dit que les murs de la Ville traverfant le terrein de la Place des Victoires & du Jardin du Palais Royal , alloient aboutir à la Porte Saint Honoré , fituée où font apréfent les Boucheries des Quinze-Vingts. Ce fut de ce côté que Charles VII , le 8 Septembre 1429 , fit attaquer Paris dont les Anglois étoient les maîtres : *Vint ledit Roi aux champs vers la Porte S. Honoré fur une maniere de butte ou montagne qu'on nommoit le * Marché aux Pourceaux , & y fit dreffer plufieurs canons & couleuvrines... Jeanne la Pucelle dit qu'elle vouloit affaillir la Ville ; elle n'étoit pas bien informée de la grande eau qui étoit ès foffés ... avec une lance elle fonda*

Voyez la P 30 de ces Effais.

Hiftoire de Charl. VII. dite de la Pucelle.

* La Butte S. Roch.

Tome I.   L

*l'eau qui étoit bien profonde ; quoi fai-
sant elle eut d'un trait d'arbalêtre les
deux cuisses percées , ou du moins l'une :
(à peu près à l'entrée de la rue Tra-
versiere du côté de la rue S. Honoré) :
mais nonobstant elle ne vouloit en partir & faisoit apporter des fagots & du
bois dans l'autre fossé , dans l'espoir de
passer jusqu'au mur ; enfin depuis qu'il
fut nuit , elle fut envoyée querir par
plusieurs fois ; mais elle ne vouloit partir
& se retirer en aucune maniere ; il fal-
lut que le Duc d'Alençon l'allât querir
& la ramenât lui-même.*

Il y avoit encore des Moulins sur la
Butte Saint Roch en 1670. La rue
Neuve des Petits-Champs finissoit à la
rue Sainte Anne , & delà jusqu'à l'Hôtel de Vendôme qu'on démolit en
1687 pour faire la Place , on ne trouvoit plus que quelques mazures éparses
çà & là sur tout le terrein où l'on a
continué cette rue Neuve des Petits-

Champs & bâti les rues de Gaillon,
d'Antin & de Louis le Grand. Le
Marché aux Chevaux se tenoit dans
cet espace qu'occupent aujourd'hui la
rue & l'Hôtel d'Antin. Ce fut à l'endroit où commence cette rue d'Antin,
du côté de la rue Neuve des Petits-
Champs, derriere les murs du Jardin
de l'Hôtel de Vendôme, que les Ducs
de Beaufort & de Nemours se battirent,
en duel, cinq contre cinq, le 30 Juillet
1652, vers les sept heures du soir. M.
de Beaufort avoit pour seconds Buri,
de Ris, Brillet & Hericourt. Le Marquis de Villars pere du Maréchal, le
Chevalier de la Chaise, Compan & de
Serche, étoient les seconds du Duc de
Nemours qui avoit lui-même chargé
chez lui les pistolets & les avoit appor-
tés avec les épées. Lorsqu'ils furent en
présence, *eh beau-frere, quelle honte!*
oublions le passé & soyons bons amis;
lui dit M. de Beaufort. *Ah coquin, il*

L ij

faut que je te tue ou que tu me tues, répondit M. de Nemours. Il tira le premier, apparemment comme l'offenfé, & voulut enfuite fondre l'épée à la main fur M. de Beaufort qu'il avoit manqué, & qui le tua roide de trois balles dans l'eftomac. Hericourt fut tué par le Marquis de Villars, & de Ris par le Chevalier de la Chaife ; les autres ne fe blefferent pas dangereufement. L'Archevêque de Paris défendit qu'on fit pour le Duc de Nemours des prieres à S. André des Arcs fa Paroiffe où on l'avoit porté. Quel étoit cet Archevêque ? Le fameux Cardinal de Retz, qui portoit ordinairement un poignard dans fa poche au lieu de bréviaire.

Mémoires de Montpenfier.

Mémoires de Retz.

Rue Salle-au-Comte.

Près de la Fontaine, étoit la maifon de Henri de Marle, Chancelier de France, * maffacré en 1418. Un Pro-

Voyez rue S. André des Arcs.

cureur au Châtelet qui acheta cette maison en 1663, s'y trouvoit, dit Sauval, mal logé & trop à l'étroit.

On voit dans les Regiſtres du Parlement que le 9 d'Août 1413, Charles VI pour proccéder ſuivant les formalités ordinaires, & par voye de ſcrutin, à l'élection d'un Chancelier, fit entrer dans la Chambre du Conſeil le Dauphin, les Ducs de Berri, de Bourgogne, de Baviere & de Bar, pluſieurs Barons, Chevaliers & Conſeillers, qui tous jurerent ſur l'Evangile & ſur la vraie Croix de nommer celui qu'ils croiroient le plus digne de poſſéder cette grande charge. Arnaud de Corbie eut dix-huit voix : Simon de Nanterre Préſident au Parlement en eut vingt, & Henri de Marle Premier Préſident en eut quarante-quatre ; *de ſorte, dit l'Abbé de Choiſi, qu'à la pluralité des voix, celle du Roi n'étant comptée*

Hiſtoire de Charl. VI.

que pour une, Henri de Marle fut pro-
clamé Chancelier.

Rue de Seine.

La Reine Marguerite de Valois, premiere femme de Henri IV, étant revenue à Paris après une abfence de près de vingt-cinq ans, fit bâtir au bout de cette rue, en 1606, un Hôtel avec de vaftes Jardins qui régnoient le long de la Riviere : elle y mourut le 27 Mars 1615. J'eftime comme un autre la vertu dans une femme, mais parce qu'elle aura eu des Amans, quelques foibleffes, il ne me femble pas qu'on doive la déchirer impitoyablement comme on a fait cette pauvre Princeffe, qui d'ailleurs étoit pleine de bonnes intentions pour la gloire & la tranquilité de l'Etat, & qui joignoit au meilleur cœur, à l'ame la plus noble, la plus compatiſſante, & la plus généreuſe, beaucoup d'eſprit & de beauté. *Vraye héritiere des Valois, dit* Mezeray, *elle ne fit jamais don à per-* *Hiſt. de la mere & du fils.* ſonne ſans excuſe de donner ſi peu ; elle étoit le réfuge des Gens de Lettres, en avoit toujours quelques-uns à ſa ta- ble, & apprit tant en leur converſation, qu'elle parloit & écrivoit mieux que femme de ſon temps. Elle paſſoit une partie de la journée dans ſon lit, en- tourée de petits enfans de chœur fort jolis qu'elle faiſoit chanter : *étant à* *Toulouſe, dit le Préſident Laroche,* *Des Par- lemens de France.* *elle reçut les ſalutations du Parlement,* *dans un lit de damas blanc, très riche,* *ayant au fond de ſon lit de petits enfans* *de chœur, chantans & jouans du luth.* Perſonne en Europe ne danſoit ſi bien qu'elle : Dom Juan d'Autriche Gou- *Brantome.* verneur des Pays-Bas, partit exprès en poſte de Bruxelles, & vint à Paris

L iv

incognito pour la voir danſer à un bal paré.

Henri IV n'avoit pas à ſe plaindre de ſon peu de complaiſance : voici ce qu'elle raconte dans ſes Mémoires au ſujet d'une des Maîtreſſes de ce Prince.

Mémoires de l Reine Margue- rite.

Le mal lui prenant au point du jour, étant couchée en la Chambre des filles, elle envoya querir mon Médecin, & le pria d'avertir le Roi mon mari ; ce qu'il fit. Nous étions couchés en une même Chambre , en divers lits , comme nous avions accoutumé. Lorſque le Médecin lui dit cette nouvelle , il ſe trouva fort en peine ne ſçachant que faire ; craignant d'un côté qu'elle fut découverte, & de l'autre qu'elle fut mal ſecourue, car il l'aimoit fort. Il ſe réſolut enfin de m'avouer tout & de me prier de l'aller ſecourir , ſçachant bien que malgré ce qui s'étoit paſſé , il me trouveroit toujours prête de le ſervir en ce qu'il lui plairoit.

Il ouvre mon rideau & me dit, ma mie,
je vous ai celé une chose qu'il faut que
je vous avoue ; je vous prie de m'en ex-
cuser & de ne point vous souvenir de
tout ce que je vous ai dit pour ce sujet ; mais obligez moi tant que de vous
lever tout à l'heure pour secourir Fof-
seufe qui est fort mal ; vous sçavez combien je l'aime ; je vous prie , obligez-moi
en cela. Je lui dis que je l'honorois trop
pour m'offenser de chose qui vint de lui ;
que je m'y en allois , & y ferois comme
si c'étoit ma fille ; que cependant il s'en
allât à la chasse , & emmenât tout le
monde afin qu'il n'en fut point oui parler. Je la fis promptement ôter de la
chambre des filles & la mis dans une
chambre écartée avec mon Médecin &
des femmes pour la servir , & la fis
très-bien secourir. Dieu voulut qu'elle ne
fit qu'une fille , qui encore étoit morte....
Le Roi mon mari étant revenu de la
chasse , me trouva que je m'étois remise

L. v

au lit, étant lasse de m'être levée si matin & de la peine que j'avois eue à la faire secourir ; il me pria de me lever & de l'aller voir. Je lui dis que je l'avois fait lorsqu'elle avoit eu besoin de mon secours, mais qu'à cette heure elle n'en avoit plus affaire ; que si j'y allois, je découvrirois plûtôt que je ne cacherois ce qui étoit, & que tout le monde me montreroit au doigt ; il se fâcha fort contre moi, ce qui me déplut beaucoup, ne méritant pas, ce me semble, cette récompense de ce que j'avois fait le matin. Un autre endroit des Mémoires de cette Princesse peint bien les horreurs de la nuit de la Saint Barthelemi : *lorsque j'etois le plus endormie*, dit-elle, *voici un homme frappant des pieds & des mains à la porte, criant Navarre, Navarre. Ma Nourrice pensant que c'étoit le Roi mon mari, court vitement à la porte : c'etoit un Gentilhomme nommé* M. de Tejan *qui avoit un coup d'épée*

dans le coude , un coup de hallebar.!e
dans le bras , & qui étoit encore pour-
fuivi de quatre Archers qui entrerent
tous après lui dans ma Chambre. Lui
voulant fe garantir , fe jetta fur mon
lit. Moi fentant ces hommes qui me té-
noient , je me jette à la ruelle , & lui
après moi , me tenant toujours au travers
du corps. Nous criions tous les deux &
étions auffi effrayés l'un que l'autre. Enfin Dieu voulut * que M. de Nancai   * Gafpard
Capitaine des Gardes vint , qui me trou- de la Châ- tres.
vant en cet état , encore qu'il y eût de la
compaffion , ne put fe tenir de rire.
C'eft dans le Louvre , c'eft dans la
Chambre de la fœur du Roi , c'eft
jufques fur fon lit qu'on égorge des
malheureux qui reclament envain la
foi des fermens & des traités ! Nancai
qui paffoit pour un des plus honnêtes
hommes de la Cour, rit à ce fpectacle ! il rit dans ces momens d'horreur,
dans ce jour à jamais exécrable ! *Ayant*

L vj

changé de chemife , ajoute cette Princeffe , parce que j'étois toute couverte de
fang , & m'étant fait jetter un manteau
de nuit , je paffai à l'appartement de
Madame de Lorraine ma fœur : entrant
dans l'antichambre , un Gentilhomme
nommé Bourfe , fe fauvant des Archers
qui le pourfuivoient , fut percé d'un
coup d'hallebarde à trois pas de moi....
cinq ou fix jours après , ceux qui avoient
commencé cette partie, connoiffant qu'ils
avoient failli à leur principal deffein ,
n'en voulant point tant aux Huguenots
qu'aux Princes du Sang , portoient im-
patiemment que le Roi mon mari & le
Prince de Condé fuffent échapés ; &
connoiffant qu'étant mon mari , nul ne
voudroit attenter contre lui , ils ourdi-
rent une autre trame : ils vont perfuader à la Reine ma mere qu'il me faut
démarier. Un jour de fête que nous de-
vions faire nos Pâques , étant allée à
fon lever , elle me fit jurer de dire vérité ,

& me demanda ſi le Roi mon mari étoit
homme, me diſant que s'il ne l'étoit pas,
elle avoit moyen de me démarier ; je la
ſuppliai de croire que je ne me connoiſſois
pas en ce qu'elle me demandoit, mais
qu'enfin puiſqu'elle m'y avoit miſe, j'y
voulois demeurer ; me doutant bien qu'on
ne vouloit m'en ſéparer que pour lui faire
un mauvais tour.

Henri IV dont elle n'avoit point eu
d'enfans, ſe voyant paiſible poſſeſſeur
de la Couronne, lui fit propoſer, pour *Mémoires*
le bien de l'Etat, de faire caſſer leur *de Sully.*
mariage ; elle y conſentit de la façon
la plus noble, la plus modeſte & la
plus déſintéreſſée : loin d'exiger pluſieurs conditions auſquelles ce Prince
auroit été obligé de ſouſcrire, elle demanda uniquement qu'on payât ſes dettes, & qu'on lui aſſurât une penſion
convenable. *L'abaiſſement de ſa condi-*
tion, dit Mezerai, *étoit ſi relevé par la* *Hiſt. de la*
bonté & les autres vertus Royales qui *mere & du*
fils.

étoient en elle, qu'elle n'en fut point du
mépris. Son Palais fut vendu en 1619,
quatre ans après sa mort, & l'on
commença de bâtir le Quai Malaquais
sur une partie du terrein qu'occupoient
les Jardins. Jusqu'alors le Fauxbourg
S. Germain n'avoit été que comme ces
Villages composés de quelques rues
dont les maisons sont séparées les unes
des autres par des Vignes, des Prés &
des Jardins. En sortant de la Porte de
Nesle située où est à présent la premiere
cour du Collége des Quatre-Nations,
on entroit dans la campagne ; la rue
Tarannes & la rue Saint Dominique
s'apelloient *le Chemin aux Vaches*, &
les * rues des Petits-Augustins, Jacob,
de Saint-Pere, de l'Université, du
Bacq, de Verneuil, de Beaune & de
Bourbon, n'existoient point encore :
on en verra, je crois, la preuve avec
plaisir dans une Comédie du grand
Corneille, représentée pour la premiere
fois en 1642.

* C'étoit le pré aux Clercs.

DORANTE.

Paris femble à mes yeux un pays de Romans :
J'y croyois ce matin voir une Ifle enchantée ;
Je la laiffai déferte, & la trouve habitée.
Quelqu'Amphion nouveau fans l'aide des Maf-
     fons,
En fuperbes Palais a changé ces buiffons.

GERONTE.

Paris voit tous les jours de ces métamorphofes:
Dans tout le pré-aux Clercs tu verras mêmes
     chofes,
Et l'univers entier ne peut rien voir d'égal
Aux fuperbes dehors du Palais Cardinal :
Toute une Ville * entiere, avec pompe bâtie,
Semble d'un vieux foffé par miracle fortie.
      Le Menteur, Scene V. Acte II.

* Quartiers Richelieu & Montmartre.

PASSAGE DE LA SEINE AU QUAY MALAQUAIS OU DES QUATRE-NATIONS.

Peu de tems après la paix de Ver-
vins, Henri IV revenant de la chaffe,
vêtu fimplement & n'ayant avec lui

Sauval. T.
2. p. 534.

que deux ou trois Gentilhommes, paſſa la Riviere au Quai Malaquais, à l'endroit où on la paſſe encore aujourd'hui. Voyant que le Batelier ne le connoiſſoit pas, il lui demanda ce qu'on diſoit de la paix : ma foi je ne ſçais pas ce que c'eſt que cette belle paix, répondit le Batelier ; il y a des impôts ſur tout & juſques ſur ce miſérable bateau avec lequel j'ai bien de la peine à vivre. Eh le Roi, continua Henri IV, ne compte-t il pas mettre ordre à tous ces impôts-là ? Le Roi eſt un aſſez bon homme, répliqua le Ruſtre, mais il a une Maîtreſſe à qui il faut tant de belles robes & tant d'affiquets, & c'eſt nous qui payons tout cela ; paſſe encore ſi elle n'étoit qu'à lui, mais on dit qu'elle ſe fait careſſer par bien d'autres. Henri IV que cette converſation avoit beaucoup amuſé, envoya chercher le lendemain ce Batelier, & lui fit répéter devant la Duchesse de Beaufort tout ce qu'il avoit dit la veille. La Duchesse fort irritée vouloit le faire pendre : vous êtes folle, dit Henri IV ; c'est un pauvre diable que la misére met de mauvaise humeur ; je ne veux plus qu'il paye rien pour son bateau , & je suis sûr qu'il chantera tous les jours *vive Henri* , *vive Gabrielle.*

Ce bon Roi étoit fier quand il le falloit : il demanda un jour , dit Pierre Mathieu, à l'Ambassadeur de Rodolphe II , si cet Empereur avoit des Maîtresses : *si mon Maître en a, elles sont secrettes* , répondit cet Ambassadeur : *il est vrai*, répliqua Henri IV, *qu'il y a des hommes qui n'ont point d'assez grandes qualités pour n'être pas obligés de cacher leurs foiblesses.* Ce même Historien rapporte qu'il lui a entendu dire plusieurs fois que le plaisir seul ne l'attachoit pas à la Duchesse de Beaufort ; *qu'elle lui étoit utile au démêlement des*

brouilleries de la Cour ; qu'il lui con-
fioit les avis qu'on lui donnoit ſur les
Courtiſans ; qu'elle l'appaiſoit , & adou-
ciſſoit ſon humeur & ſes chagrins ; de
ſorte , ajoute cet Hiſtorien, qu'elle ſou-
tenoit chacun , n'opprimoit perſonne &
que le plus grand nombre ſe rejouiſſoit
de ſa grandeur & de ſa fortune.

RUE S. SEVERIN.

Au mois de Janvier 1474 , les Médecins & les Chirurgiens de Paris re-
préſenterent à Louis XI , que pluſieurs
personnes de conſidération étoient tra-
vaillées de la pierre, colique , paſſion &
mal de côté ; qu'il ſeroit très-utile d'examiner l'endroit où s'engendroient ces maladies ; qu'on ne pouvoit mieux s'éclairer
qu'en opérant ſur un homme vivant , &
qu'ainſi ils demandoient qu'on leur livrât
un Franc-Archer , qui venoit d'être condamné à être pendu pour vol , & qui avoit

Chronique
de Louis
XI , p. 213.

été souvent fort molesté desdits maux. On leur accorda leur demande ; & cette opération qui est , je crois, la première qu'on ait faite pour la pierre , se fit publiquement dans le cimetiere de l'Eglise S. Severin. *Après qu'on eut examiné & travaillé* , ajoute la Chronique, *on remit les entrailles dedans le corps dudit* Franc-Archer , *qui fut recousu , & par l'ordonnance du Roi très-bien pansé , & tellement , qu'en quinze jours il fut gueri , & eut remission de ses crimes sans dépens , & il lui fut même donné de l'argent.*

Le cours des événemens de la vie est quelquefois bien singulier : il falloit que ce misérable, pour être guéri de la pierre, fût condamné à être pendu ; mais croira-t-on que dans ces temps-là , s'il l'avoit été, son cadavre seroit devenu comme un dépôt précieux de la mort, auquel les Chirurgiens n'auroient pas osé toucher ? La dissection du corps humain paſſoit encore pour un ſacrilége au commencement du regne de François I, & l'Empereur Charles-Quint fit conſulter les Théologiens de Salamanque pour ſçavoir ſi l'on pouvoit en conſcience diſſequer un corps afin d'en connoître la ſtructure.

Sur la porte de l'amphithéâtre anatomique de Toulouſe, on lit ce vers:

Hic locus eſt ubi mors gaudet ſuccurrere vitæ.
Ici la mort ſe plaît à ſecourir la vie.

Je ne riſquerai pas de traduire l'inſcription qui eſt ſur la porte de l'amphithéâtre anatomique de Paris:

Conſilioque manûque.

Je me trouverois entre deux écueils; je fâcherois ou la Faculté de Medecine, ou l'Académie de Chirurgie.

R U E   D U   T E M P L E.

Les *Templiers* furent ainſi nommés parce que Baudouin II, Roi de Jerufalem , leur donna une maifon proche du Temple de Salomon. Leur ordre ne fubfifta pas deux cent ans : il commença en 1118 & fut aboli en 1312. Tous les Hiftoriens conviennent que le Prieur de Montfaucon, près de Touloufe , & *Noffodei* Florentin , qui furent leurs délateurs, étoient deux fcélérats que le Grand-Maître avoit condamnés pour crime d'héréfie , & attendu la vie honteufe qu'ils menoient, à finir leurs jours en prifon. Ces deux miférables firent dire à Enguérand de Marigni, Sur-Intendant des Finances, que fi l'on vouloit leur promettre la liberté , & leur affurer de quoi vivre , ils découvriroient des fecrets *dont le Roi pourroit tirer plus d'utilité que de la conquête d'un Royaume.* Ce fut fur les dépofitions de ces deux hommes , que les Templiers qui fe trouverent en France , furent tous arrêtés à jour marqué , le 13 d'Octobre 1307. Guil-

laume de Nogaret ſi connu par la vio-
lence de ſon caractère , & Frere Im-
bert Dominicain , Confeſſeur du Roi
& revêtu du titre d'Inquiſiteur , ſe
chargerent de donner à la pourſuite
de cette affaire toute l'activité poſſible.
On fit des informations de tous côtés ,
& bientôt on n'entendit plus parler
que de chaînes, de cachots, de bou-
reaux & de buchers. On attaqua juſqu'aux morts : leurs oſſemens furent
déterrés , brûlés , & leurs cendres furent jettées aux vents. On accordoit
la vie & des penſions à ceux qui ſe
reconnoiſſoient volontairement coupables : on livroit les autres aux tortures. Pluſieurs qui n'auroient pas craint
la mort , épouvantés par l'appareil
des tourmens, convinrent de tout ce
qu'on leur diſoit d'avouer : il y en
eut auſſi un grand nombre dont la
conſtance ne put être ébranlée ni par
les promeſſes ni par les ſuplices. On

Nangii continuat.

en brûla cinquante - quatre derriere l'Abbaye de S. Antoine, qui tous au milieu des flammes protesterent de leur innocence jusqu'au dernier soupir. Le Grand-Maître, Jacques de Molai, qui avoit été parrain d'un des enfans du Roi, Guy Prieur d'Aquitaine & frere du Dauphin d'Auvergne, Hugues de Peralde Grand-Prieur de France , & un autre dont on ignore le nom , après avoir été conduits à Poitiers devant le Pape, furent ramenés à Paris pour y faire une confession publique de la corruption générale de leur Ordre : ils en étoient les principaux Officiers, & comme Philippe le Bel n'ignoroit pas qu'on disoit hautement que les richesses immenses que les Templiers avoient apportées de l'Orient, & dont il vouloit s'emparer , étoient la véritable cause de la persécution qu'ils essuyoient, il espéroit que cette cérémonie en imposeroit au peuple , & calmeroit les esprits effrayés par tant & de si terribles exécutions dans la Capitale & dans les Provinces. On les fit monter tous les quatre sur un échaffaut dressé devant l'Eglise de Notre-Dame : on lut la Sentence qui modéroit leur peine à une prison perpétuelle : un des Légats fit ensuite un long discours où il détailla toutes les abominations & les impiétés dont les Templiers avoient été convaincus, disoit-il, par leur propre aveu, & afin qu'aucun des spectateurs n'en pût douter, il somma le Grand-Maître de parler & de renouveller publiquement la confession qu'il en avoit faite à Poitiers. *Oui je vais parler*, dit cet infortuné Vieillard en secouant ses chaînes & s'avançant jusqu'au bord de l'échaffaut, *je n'ai que trop longtemps trahi la vérité. Daigne écouter, daigne recevoir, ô mon Dieu, le serment que je fais, & puisse-t il me servir quand je comparoîtrai devant ton tribunal.*

\» *tribunal. Je jure que tout ce qu'on vient*
\» *de dire des Templiers est faux : que ce*
\» *fut toujours un Ordre zélé pour la Foi,*
charitable, juste, orthodoxe, & que si
j'ai eu la foiblesse de parler différem-
ment à la sollicitation du Pape & du
Roi, & pour suspendre les horribles tor-
tures qu'on me faisoit souffrir, je m'en
repens. Je vois, ajouta t-il, que j'ir-
rite nos Bourreaux, & que le bucher va
s'allumer : je me soumets à tous les tour-
mens qu'on m'apprête, & reconnois, ô
mon Dieu, qu'il n'en est point qui puis-
sent expier l'offense que j'ai faite à mes
freres, à la vérité & à la Religion. Le
Légat extrêmement déconcerté, fit
remener en prison le Grand-Maître & *Hist de Paris, L. XI.*
le frere du Dauphin d'Auvergne qui
s'étoit aussi rétracté : le foir même, ils
furent tous les deux brûlés vifs, & à
petit feu, dans l'endroit où est aujour-
d'hui la Statue de Henri IV. Leur fermeté ne fe démentit point : ils invo-

Tome I. M

quoient Jefus-Chrift & le prioient de foutenir leur courage : le peuple confterné & fondant en larmes, fe jetta fur leurs cendres & les emporta comme de précieufes reliques : les deux Commandeurs qui n'avoient pas eû la force de fe rétracter, furent traités avec douceur. Mezeray rapporte que le Grand-Maître ajourna le Pape à comparoître devant le Tribunal de Dieu dans quarante jours, & le Roi dans un an : fi cet ajournement eft vrai, ce fut une prophétie que l'événement vérifia. A l'égard des deux Scélérats qui occafionnerent toute cette procédure, le premier périt dans une mauvaife affaire, & l'autre (*Noffodei*) fut pendu pour quelques nouveaux crimes.

Hift. de France.

Choif. Hift. Ecclefiaf.

Voici les abominations qu'on imputoit aux Templiers : qu'à leur réception dans l'Ordre, on les conduifoit dans une chambre obfcure où ils renioient Jefus-Chrift & crachoient trois fois fur

Proceffus contra Templarios. Dupuy,

le Crucifix : que celui qui étoit reçu, baisoit celui qui le recevoit à la bouche, ensuite *in fine spinæ dorsi & in virgâ virili* : qu'ils adoroient une tête de bois doré qui avoit une grande barbe & qu'on ne montroit qu'aux Chapitres généraux : qu'on leur recommandoit d'être chastes avec les femmes, mais très-complaisans envers les Freres *dès qu'ils en étoient requis* : que s'il arrivoit que d'un Templier & d'une pucelle il nâquit un garçon, ils s'assembloient, se rangoient en rond, se le jettoient les uns aux autres jusqu'à ce qu'il fut mort, *postea igni torrebant eum, exque eliquatâ inde pinguedine simulacrum decoris gratiâ unguebant* : qu'en Languedoc, trois Commandeurs mis à la torture, avoient avoüé qu'ils avoient assisté à plusieurs Chapitres provinciaux de l'Ordre ; que dans un de ces Chapitres tenu à Montpellier, & de nuit suivant l'usage, on avoit

Robert Gaguin. L. 7. p. 12.

Hist. générale de Languedoc. année 1307.

expofé *une tête* ; qu'auffitôt le diable avoit apparu fous la figure d'un Chat ; que ce Chat tandis qu'on l'adoroit, avoit parlé & répondu avec bonté aux uns & aux autres ; qu'enfuite plufieurs demons avoient auffi apparu fous des formes de femmes, & que *chacun* des Freres avoit eu fa *chacune*.

Frere Pierre de Boulogne, Procureur Général de l'Ordre, repréfenta dans différentes requêtes, qu'il n'étoit pas vraifemblable que des hommes, furtout n'y étant pouffés par aucun motif d'intérêt, renonçaffent à la Religion où ils étoient nés pour croire à une idole, & qu'aucun de ceux qui s'étoient préfentés pour entrer dans l'Ordre, n'eut eu horreur de ces abominables myfteres, & ne les eut révélés : que le Roi par fes Lettres avoit promis la liberté, la vie & des penfions aux Templiers qui fe reconnoîtroient volontairement coupables, & qu'on avoit livré aux plus cruelles tortures ceux qu'on n'avoit pû féduire par des promeſſes ou effrayer par des menaces : qu'il étoit prouvé que pluſieurs Templiers étant tombés malades dans les priſons, avoient proteſté en mourant, avec toutes les marques du repentir le plus vif & le plus ſincere, que les déclarations qu'on avoit exigées d'eux étoient fauſſes & qu'ils ne les avoient faites que pour ſe délivrer des horribles tourmens qu'on leur faiſoit ſouffrir : qu'on n'avoit point confronté les témoins aux accuſés, & qu'enfin aucun des Templiers qu'on avoit arrêtés dans les autres Royaumes de la Chrétienté, n'avoit dépoſé rien de ſemblable aux abominations qu'on leur imputoit en France où leur perte avoit été réſolue & préparée par tous les moyens que peuvent employer la force & la ſéduction.

Les Archevêques de Sens, de Rheims

& de Rouen, loin d'avoir égard à ces remontrances, firent décider dans les Conciles de leurs Provinces qu'on traiteroit comme relaps & comme ayant renoncé à Jesus-Chrift les Templiers qui fe retracteroient de ce qu'ils auroient déclaré à la queftion ; & quelques jours après, cónformément à cette barbare & finguliere jurifprudence, on en brûla cinquante-neuf dans l'endroit où eft aujourd'hui l'Hôtel des Moufquetaires noirs. Le récit de l'Evêque de Lodêve , hiftorien contemporain, nous repréfente ces infortunés, dévorés par les flammes, attachant les yeux au ciel pour y puifer les forces qui leur avoient manqué dans les tortures , & demandant à Dieu de ne pas permettre qu'ils trahiffent une feconde fois la vérité en s'accufant, & en accufant leurs freres, de crimes qu'ils n'avoient pas commis.

Dans le Concile général de Vienne

en Dauphiné , compofé de plus de trois *Fleuri.*
cent Archevêques, Evêques, & Docteurs *Hift. Eccl.*
d'Allemagne , d'Italie , d'Angleterre ,
d'Efpagne & de France, tous (excepté
un Prélat Italien & les Archevêques de
Sens , de Rheims & de Rouen) repré-
fenterent qu'il feroit contre l'équité
naturelle de fupprimer l'Ordre des
Templiers avant que de les avoir en-
tendus dans leurs deffenfes & fur les.
récufations de témoins , & fans les
avoir confrontés à leurs accufateurs ,
comme ils l'avoient demandé dans toutes leurs requêtes. Le Pape étonné de
cette oppofition générale à fes intentions , s'écria *que fi l'on ne pouvoit pas ,*
par le deffaut de quelques formalités ,
*prononcer * juridiquement contre eux ,* *Viâ ju-*
la plénitude de fa puiffance Pontificale ficia.
fuppléeroit à tout , & qu'il les condam- *Gurthleri,*
neroit par voye d'expédient , plutôt que *Hift. Tem-*
de fâcher fon cher fils le Roi de France. *plariorum.*
En effet quelques mois après , dans un *num. 141.*

M iv

Fleuri.
Hist. Eccl.

confiftoire fecret de Cardinaux & d'E-
vêques *que la complaifance*, dit Vertot,
ramena à fon avis, il caffa & annulla

Rapin de
Thoiras.

l'Ordre des Templiers : la Sentence
portoit que n'ayant pû les juger felon
les formes de droit, il les condamnoit
d'autorité Apoftolique & par provi-
fion.

Il eft certain qu'ils s'étoient livrés
au fafte, au luxe, à une vie molle &
voluptueufe : que leur valeur, leur
naiffance, la gloire dont ils s'étoient
couverts dans tant de combats, &
d'immenfes revenus, leur infpiroient
un orgueil, un ton d'indépendance qui
n'avoit pû que déplaire infiniment à
tous les Souverains : qu'à l'occafion

Proceffus
contra Tem-
plar. Dupuy
p. 130.

de leurs priviléges & de leurs poffeffions, ils avoient eu des démêlés très-
vifs avec la plûpart des Evêques : que
leurs railleries continuelles fur la fai-
néantife & les fraudes pieufes des Moines, leur avoient attiré de dangereux

ennemis, & qu'enfin Philippe le Bel les accufoit d'avoir envoyé des fecours d'argent à Boniface VIII pendant fes différends avec ce Pape, & de tenir en toute occafion des difcours féditieux fur fa conduite & fur celle de fes deux favoris, Enguerrand de Marigni, Sur Intendant des finances, & Etienne Barbette, Prevôt de Paris & Maître des Monnoyes.

Marigni étoit de ces hommes qui fe qualifient Miniftres d'un Etat & qui n'en font que les tirans fous l'autorité d'un Maître dont ils corrompent l'équité naturelle en flatant toutes fes paffions. Ne pouvant plus imaginer de nouveaux impôts, il avoit eu recours à la plus pernicieufe des reffources, l'affoibliffement & le hauffement des monnoyes. Les changemens qu'il y fit, devinrent fi fréquens & furent portés à un tel excès, que la populace de Paris fe fouleva, pilla la maifon

Hift. de Paris.

M v.

d'Etienne Barbette, maltraita dans les Marchés les Pourvoyeurs du Roi, l'inveſtit lui-même dans le Temple où il logeoit alors, & empêcha pendant trois jours qu'on n'y portât des vivres. Barbette & Marigni accuſerent les Juifs & les Templiers d'avoir fomenté cette ſédition. Jamais Prince ne fut plus fier que Philippe le Bel, & ſa fierté le rendoit implacable dans ſa haine ; d'ailleurs il étoit avide, dépenſier, toujours preſſé d'argent, & par conſéquent obligé de ſe faire ſouvent illuſion ſur les moyens que ſes Miniſtres employoient pour en trouver. Il ne leur fut pas difficile de lui faire adopter le projet d'une vengeance qui pourroit faire entrer dans ſes coffres la dépouille des Juifs & une partie des richeſſes que les Templiers avoient apportées de l'Orient. Bientôt le bruit ſe répandit dans Paris que les Juifs avoient outragé une hoſtie, profané

Hiſt. de l'Egliſe. Dupin. XIV ſiecle.

des vases sacrés & crucifié des enfans
le jour du Vendredi-Saint : le peuple
qui aime à croire tout ce qui peut exciter sa fureur, ne tarda pas à crier qu'il
falloit exterminer ces ennemis du nom
Chrétien : le Ministere les fit tous arrêter dans un même jour, 22 Juillet
1306 ; leur biens furent confisqués ; on
ne laissa à chacun que ce qu'il lui falloit
pour le conduire hors du Royaume.
L'année suivante, on arrêta de la même
maniere tous les Templiers qui se trouverent en France, & le terrible tribunal qu'on érigea contr'eux dans chaque province, fut composé des Evêques, & de Moines : l'Archevêque de
Sens, frere d'Enguerrand de Marigni,
présidoit à celui de Paris.

Fleuri.
Hist. Eccl.

Clement V occupoit la chaire de
S. Pierre : presque tous les historiens,
entr'autres S. Antonin Archevêque de
Florence, Villani & le Continuateur
de Nangis, disent *que ce Pape faisoit*

Fleuri.
Ibidem.

M vj

*un honteux trafic des chofes facrées ...
qu'à fa Cour on vendoit publiquement les
bénéfices .... qu'allant de Lyon à Bor-
deaux, il avoit pillé fur fon paffage tous
les Monafteres & toutes les Eglifes ....
qu'il avoit établi le S. Siége en France
pour ne pas fe féparer de la Comteffe de
Perigord, fille du Comte de Foix, dont
il étoit éperdûment amoureux .... que
Philippe le Bel lui ayant offert de le
faire élire Pape à fix conditions, il
avoit juré fur le Saint Sacrement de les
exécuter toutes, & que l'extinction de
l'Ordre des Templiers en étoit une.* Ainfi,
lorfqu'il apprit que ce Prince les avoit
fait arrêter, s'il marqua de la furprife
& de la colere ; s'il écrivit des Lettres
pleines d'amertume, ce ne fut, felon
quelques Auteurs, que pour ne pas
paroître avoir abandonné les droits du
Saint Siége. Il eft certain qu'il ne tarda
pas à s'appaifer : *ce très-cher fils,* dit-il
dans une de fes Bulles en parlant de

Nangii
continuat.
anno 1305.
Villani.

Choifi.
Hift. Eccl.

Fleuri.
Ibidem.

Philippe le Bel , n'a point fait arrêter les Templiers * par un motif d'avarice, mais par un véritable zele pour la Religion ; il est très-éloigné de vouloir s'approprier la moindre petite partie de leurs biens .... nous en avons interrogé nousmême soixante & douze , ajoute-il , qui tous ont confessé les abominations qu'on impute à leur Ordre ... le Grand-Maître en a fait aussi l'aveu à Chinon devant nos Commissaires , les Cardinaux Berenger de Fredole , Etienne de Suisi & Landolphe de Brancaccio. Le Grand Maître , comme presque toute la Noblesse de ce temps-là , ne sçavoit ni lire ni écrire : lorsqu'on lui lût à Paris cette déposition qu'il devoit avoir faite à Chinon , il parut très étonné , fit deux fois le signe de la croix & s'écria , si ces trois Commissaires étoient d'une autre qualité , je sçais ce que je leur proposerois : on lui répondit que des Cardinaux ne recevoient pas des gages de bataille :

eh bien, répliqua-t-il, *je prie donc Dieu qu'on les traite à la maniere des Tartares & des Sarrazins qui fendent le ventre aux fauſſaires & aux menteurs.* Vertot dit que le Greffier, pour charger davantage le Grand-Maître & pour le rendre plus criminel, avoit apparemment ajouté à ſa dépoſition des circonſtances agravantes. Cela ne juſtifie pas les Commiſſaires ; un Juge doit-il ſouſcrire un interrogatoire ſans l'avoir lû ?

Sur les Lettres & les inſtances du Pape, on avoit arrêté les Templiers dans tous les Etats de la Chrétienté : il n'y en eut de condamnés à mort qu'en France & dans le Comté de Provence qui appartenoit alors au Roi de Naples & de Sicile. Le Concile de Vienne, après la ſuppreſſion générale de l'Ordre, avoit diſpoſé de leurs biens en faveur des * Chevaliers Hoſpitaliers de Saint Jean de Jéruſalem ; mais Phi-

* Les Chevaliers de Malthe.

lippe le Bel ne confentit à s'en défaifir qu'à condition qu'on lui payroit préalablement deux cent mille livres pour les frais de la procédure ; c'étoit une fomme immenfe dans ces temps-là : cependant Louis Hutin fon fuccefleur crut devoir demander foixante mille livres de plus , & enfin on convint qu'il auroit les deux tiers de l'argent des Templiers , *Reg. du Tréfor.* les meubles de leurs Maifons , les ornemens de leurs Eglifes , & tous les fruits & revenus de leurs terres depuis le 13 d'Octobre 1307 jufqu'à l'année 1314. L'Abbé de Choifi prétend que les Sei- *Hift. Eccl.* gneurs en Angleterre s'emparerent de tous les biens des Templiers en difant *que leurs Ancêtres les avoient donnés aux Templiers & non pas aux Hofpitaliers , & que puifqu'il n'y avoit plus de Templiers, il étoit jufte que ces biens revinffent à leurs anciens Maîtres.* Le Roi de Caftille les unit à fon Domaine ; le Roi de Portugal les donna à l'Ordre de Chrift qu'il inftitua , & le Roi d'Arragon s'appropria dix-fept Forterefles qu'ils poflédoient dans le Royaume de Valence.

Dupuy. Le Pape eut fa bonne part dans cette riche dépouille , furtout dans les Etats de Charles II Roi de Naples & de Sicile, Comte de Provence & de Forcalquier ; il partagea avec ce Prince l'argent & tous les effets mobiliers de ces infortunés.

Enguerrand de Marigni que le Pere Daniel nous repréfente comme un Miniftre d'un grand mérite , avoit pillé les finances , accablé le peuple d'impôts , & ruiné plufieurs particuliers par des vexations inouies ; il étoit fans foi , fans pitié , & le plus vain & le plus infolent de tous les hommes ; il ofa dire en plein Confeil au Comte de Valois , frere de Philippe le Bel , *c'eft vous qui avez menti.* La veille de l'Afcenfion 1315 , avant le point du jour , comme c'étoit alors la coutume , il fut pendu au gibet

qu'il avoit fait lui-même dreſſer à Montfaucon quelques années auparavant, &
comme maître du logis, dit Mézeray,
il eut l'honneur d'être mis au haut bout
au deſſus de tous les autres Voleurs. Dix
ans après, le Comte de Valois étant au
lit de la mort, fit faire des aumônes, &
ceux qui les diſtribuoient, diſoient de
ſa part à chaque pauvre, *priez Dieu pour*
M. de Marigni & pour M. de Valois. Le
Confeſſeur de ce Prince lui avoit inſ-
piré des ſcrupules ſur la condamna-
tion de ce Miniſtre dont le procès, il
eſt vrai, n'avoit pas été inſtruit ſelon
toutes les formalités requiſes.

On avoit élevé à Marigni une ſtatue
ſur les degrés du Palais auprès de celle
de Philippe le Bel ; elle fut abattue ; j'ai
eu la curioſité d'aller la voir dans une
petite cour de la priſon de la Conciergerie où elle eſt ſans pied-d'eſtal, &
appuyée contre le mur ; elle m'a paru
d'une bonne attitude ; la taille en eſt

courte & affez fournie ; le vifage eft riant & agréable ; l'habillement defcend au-deffous des genoux ; elle a fur la tête une efpece de chaperon, dont la pointe qui n'eft pas rejettée en arriere, mais entortillée, revient fur l'oreille gauche ; on remarque fur l'habit un baudrier brodé auquel l'épée eft attachée.

VIEILLE RUE DU TEMPLE.

Dans cette rue, vis-à-vis de la rue des Blancs-Manteaux, à l'endroit où eft aujourd'hui la cour des Religieufes Hofpitalieres de S. Gervais, le 23 de Novembre 1407, environ les fept heures & demie du foir, le Duc d'Orleans frere unique du Roi Charles VI, n'ayant avec lui que deux Ecuyers *montés fur un même cheval*, & trois Valets-de-pied qui marchoient devant pour l'éclairer, fut invefti par dix huit hommes armés, à la tête defquels étoit un gentilhomme de Normandie nommé

Raoul d'Ocquetonville : ce scélérat
d'un coup de hache-d'armes lui coupa
la main dont il tenoit la bride de sa
mule , & de deux autres coups lui fendit la tête. On prétend que le lendemain le corps de ce Prince qu'on avoit
porté dans l'Eglise des Blancs-Manteaux , jetta du sang (1) lorsque le Duc

---

* (1) Il y a de la sympathie & de l'antipathie
même entre les Etres purement materiels. Le
sang acoutumé , dit-on , à s'agiter violemment
à la vue d'un homme qu'on hait avec fureur ,
peut contracter une antipathie assez forte pour
qu'à l'aproche de cet homme , il s'agite encore
un peu , quoique glacé par la mort.

» Il est constant , dit Mezeray , que Richard *T.2. p.127.*
» *cœur de lion* étant venu à Chinon pour célébrer
» les funerailles de Henri II son pere , le corps
» de ce malheureux pere privé de vie & n'ayant
» plus la parole pour reprocher à ce fils son in-
» gratitude & tous les chagrins qu'il en avoit
» essuyés , lança contre lui du sang en abon-
» dance par le nez & par la bouche , comme
» s'il se fût efforcé de lui dire , *soule toi de ce*
» *sang dont tu paroissois alteré.*

M. de Thou raporte que Garcias Médicis *Lib. 32.*
ayant poignardé son frere , Cosme grand Duc
de Florence , leur pere , fit approcher Garcias du

de Bourgogne qu'on ne connoiſſoit pas encore pour l'auteur de cet aſſaſſinat , & qui vouloit faire bonne contenance , ſe préſenta pour lui donner l'eau-bénite.

Ce Louis I Duc d'Orleans joignoit à beaucoup d'eſprit la figure la plus ſéduiſante : *c'étoit un grand débaucheur de Dames de la Cour & des plus grandes , dit Brantome : un matin en ayant une couchée avec lui dont le mari vint par haʒard pour lui donner le bonjour , il cacha la tête de cette Dame , & lui découvrit tout le corps , la faiſant voir &*

Dames
galantes.

corps du mort dont les playes jetterent à l'inſtant du ſang.

Il ſort avec agitation une grande abondance de corpuſcules du corps d'un homme qui fait des efforts pour ſe défendre ; elles s'attachent au meurtrier & à ſes vétemens ; lors qu'il aproche de celui qu'il a tué , elles ſont attirées vers leur ſource naturelle ; c'eſt leur aiman ; elles entrent dans les playes , & donnent aſſez de mouvement au ſang pour en faire couler quelques goutes.

Vallemont.
Baguette
divinat.

toucher nue à ce mari à *son* bel aise,
avec deffense sur peine de la vie d'ôter le
linge du visage ... & le bon fut que le
mari étant la nuit d'après couché avec
sa femme, lui dit que M. d'Orleans lui
avoit fait voir la plus belle femme nue
qu'il y eut jamais ; mais quant au visage
qu'il n'en sçavoit que dire, ayant toujours été caché sous le linge. Cette Dame
s'appelloit Mariette d'Anghien & son
mari le Sire de Canni Varennes : *de ce
petit commerce*, ajoute-Brantome, *sor-
tit ce brave & vaillant bâtard d'Orleans,
Comte de Dunois, le soutien de la France
& le fléau des Anglois.*

La plûpart des historiens font entendre que tandis que la fille d'un marchand de chevaux , très gaye & très-
jolie , tenoit auprès de Charles VI la
place de la Reine à l'Hôtel Saint Pol ,
le Duc d'Orleans tâchoit de défen-
nuyer cette Princesse à l'Hôtel Barbette : il venoit de souper avec elle

lorſqu'il fut aſſaſſiné. Le bruit couroit auſſi que dans un bal maſqué, derriere une tapiſſerie, la Ducheſſe de Bourgogne ne lui avoit pas été cruelle ; qu'il avoit entrepris de s'en faire aimer en partie par haine contre ſon mari, & qu'il eut l'indiſcrétion de chanter devant lui, dans un ſouper, une chanſon qu'il avoit faite pour cette Princeſſe, & où elle étoit déſignée *par la beauté de ſes cheveux noirs*. La chronique ajoute qu'il avoit un cabinet où étoient les portraits de toutes les Dames dont il avoit eu les faveurs, & que le Duc de Bourgogne ayant ſçû que le portrait de ſa femme y étoit, réſolut de ſe vanger par cet infâme & lâche aſſaſſinat.

Ce Duc de Bourgogne étoit fils de Philippe de France qui fut fait priſonnier à la bataille de Poitiers, & emmené à Londres avec le Roi Jean ſon pere. Un jour que le Roi Jean & le Roi d'Angleterre ſoupoient enſemble, Philippe donna un soufflet au Maître·d'Hôtel en lui disant , *où as-tu appris à servir le Roi Anglois avant le Roi de France lorsqu'ils sont à la même table :Vraiment mon cousin* , lui dit Edouard sans se fâcher, *vous êtes Philippe le hardi.* Le courage avec lequel ce jeune Prince avoit combattu à la bataille de Poitiers n'ayant que quatorze ans , lui avoit mérité ce surnom de *hardi* ; mais je ne conçois pas pourquoi l'on donna le surnom de Jean *sans peur* au Duc de Bourgogne son fils , dont le cœur inaccessible aux remords , étoit sans cesse agité par la crainte qu'on n'attentât sur sa vie. Après l'assassinat du Duc d'Orleans , il fit bâtir à son * Hôtel de Bourgogne une tour , & dans cette tour une chambre sans fenêtres & dont la porte étoit très-basse ; il la fermoit le soir & l'ouvroit le matin avec toutes les précautions que la frayeur inspire aux scélérats. Il se laissa traiter de la façon la

* L'Hôtel de la Comédie Italienne en fait partie.

Monstrelet.

Mezeray.
T. 2. p. 579.

Choifi. Hift.
de VI.

plus humiliante par le Roi d'Angle-terre : il ne fe familiarifoit qu'avec les Bouchers : le Bourreau (1) étoit un de fes courtifans, alloit à fon lever & lui touchoit dans la main. Les maffacres que cet indigne Prince fit commettre dans Paris, fes trahifons envers la France & fes liaifons avec l'Anglois, rendront à jamais fa mémoire exécrable. On ne peut reprocher à ceux qui le tuerent fur le Pont de Montereau, que d'a-voir adopté la maxime qu'il avoit fait foutenir, après l'affaffinat du Duc d'Orleans, en plein Confeil, par Jean Petit Cordelier : *qu'il eft permis d'ufer*

de

---

(1) Il fe nommoit *Capeluche* & fut condamné à mort pour plufieurs crimes. Etant fur l'échaf-faut & voyant que celui qui devoit lui couper le cou, s'y prenoit mal, il fe fit délier, arrangea lui-même le billot, regarda fi le *coûtelas étoit bien tranchant, tout comme s'il eut voulu*, dit le Journal, *faire ledit office à un autre* ; enfuite il cria merci à Dieu, & fut décollé par fon Valet.

Journal de
Paris. 22
Août 1418.

de *surprise*, de *trahison* & de *toutes sortes*
de moyens pour *se defaire* d'un *tiran* , &
qu'on n'*est* pas obligé de lui garder la foi
qu'on lui a *promise*. Dans le troisiéme
Tome de ces Essais, je parlerai plus au
long de ce Duc de Bourgogne & j'e-
xaminerai si la mort de ce méchant
homme fut un assassinat prémédité ,
comme le disent la plupart des Historiens.

Rue Thibautodé.

Agnès du Rochier , âgée de dix-
huit ans , très-jolie & fille unique d'un
riche Marchand de cette rue qui lui
avoit laissé beaucoup de bien , se fit
Récluse à la Paroisse de Sainte Oportune , le 5 d'Octobre 1403. On appelloit *Récluses* des filles , ou des veuves , qui se faisoient bâtir une petite
chambre joignant le mur de quelque
Eglise. La cérémonie de leur *Réclusion*
se faisoit avec grand appareil ; l'Eglise

Tome I. N

étoit tapiffée ; l'Evêque célébroit la Meffe pontificalement , prêchoit & alloit enfuite lui-même fceller la porte de la petite chambre , après l'avoir bien afpergée d'eau-bénite : on n'y laiffoit qu'une petite fenêtre par où la *pieufe Solitaire* entendoit l'Office Divin & recevoit les chofes néceffaires à la vie. Agnés du Rochier mourut à l'âge de quatre-vingt-dix-huit ans ; elle étoit née riche ; elle auroit pû , en vifitant les prifonniers & les pauvres malades , contribuer pendant quatre-vingt ans au foulagement de bien des malheureux : elle voulut gagner le Ciel fans fortir de fa chambre.

Rue Saint Thomas du Louvre.

Vers le milieu de cette rue , cette Maifon bâtie de pierres & de briques qui appartient aujourd'hui à M. Artaud , étoit il y a cent ans l'Hôtel de Rambouillet tant célébré par Mlle. de

Scuderi & les autres beaux esprits de ce temps-là. L'Hôtel de Longueville étoit l'Hôtel de Chevreuse, le berceau de la fronde & de la politique de ce fameux Cardinal de Retz qui eut toutes les grandes qualités qu'il voulut avoir, & qui ne voulut point avoir celles d'un Evêque, d'un Citoyen & d'un honnête homme.

RUE TIRE-BOUDIN,

ANCIENNEMENT TIRE-V...

Marie Stuard femme de François II, passant dans cette rue, en demanda le nom ; il n'étoit pas honnête à prononcer ; on en changea la derniere syllabe, & ce changement a subsisté. De toutes les rues affectées aux femmes publiques, cette rue, & la rue * Brisemiche, étoient les mieux fournies. En 1387, le Prévôt de Paris rendit une Ordonnance qui chassoit ces sortes de femmes de la rue Brisemiche, à la re-

* Ou Baili-lehoë.

quête du Curé de S. Merri, & attendu l'indécence de leur domicile si près d'une Eglise & d'un Chapitre. Des Bourgeois s'opposerent à l'exécution de cette Ordonnance & entreprirent de maintenir les femmes publiques dans l'ancienne possession où elles étoient de cette rue. Le Parlement, par Arrêt du 21 Janvier 1388, admit l'opposition des Bourgeois, sauf à prononcer définitivement, le premier Lundi de Carême, sur les nouvelles raisons des parties. Quelque temps après le Curé de S. Merri trouva le moyen de se vanger d'un de ces Bourgeois, en le faisant condamner à faire amende honorable, un Dimanche, à la porte de la Paroisse, pour avoir mangé de la viande le Vendredi.

Hist. de Paris. Tom. 2. l. 14. p. 795.

Rue Tirechape.

La nuit du 20 Janvier 1608, cinq hommes qui amenoient des provisions aux Halles, furent trouvés morts de froid au coin de cette rue. Pierre Matthieu rapporte qu'il entendit dire à Henri IV, à fon lever, *que fa mouftache* *Livre 3. pag. 771.* *s'étoit gelée au lit, & auprès de la Reine :* c'étoit fa femme.

R u e d e l a T i x e r a n d r i e.

Paul Scarron logeoit au fecond étage d'une maifon au milieu de cette rue : lui & fa femme (depuis Madame de Maintenon) n'avoient, pour tout logement, que deux chambres fur le devant, féparées par l'efcalier ; une cuifine fur la cour & un cabinet où couchoit un petit laquais. M. de Voltaire dit que Scarron, lorfqu'il fe maria en 1651, logeoit rue d'Enfer ; il y a quatre rues de ce nom dans Paris ; elles ne font point de la Paroiffe S. Gervais ; Scarron avoit aparemment délogé ; il mourut âgé de cinquante-neuf ans, le premier Octobre 1660, & fut enterré à S. Gervais, Paroiffe de cette rue de la Tixeranderie. Sa famille, originaire de Piedmont, étoit ancienne dans le Parlement de Paris ; M. de Voltaire à raifon de dire *que ce fut une fortune pour Mlle d'Aubigné, d'époufer cet homme, quoiqu'impotent, & qui n'avoit qu'un bien très médiocre ;* mais l'expreffion n'eft pas jufte lorfqu'il ajoute *qu'il étoit difgracié de la nature ;* Scarron avoit été bienfait & d'une figure aimable dans fa jeuneffe ; il n'étoit devenu impotent que des fuites d'une débauche qu'il fit à l'âge de vingt fept ans.

RUES DE LA GRANDE ET DE LA PETITE TRUANDERIE.

La petite Place du *Puits-d'Amour* ou de *l'Ariane*, eft à la pointe d'un triangle que forment ces deux rues avec celle de Mondétour. Ce Puits fut ainfi nommé à l'occafion de la fin malheureufe d'une jeune fille qui s'y précipita

& s'y noya, fe voyant trompée & aban-
donnée par fon Amant : elle s'appelloit
Agnès Hellebic, & fon pere tenoit un
rang aflez confidérable à la Cour de
Philippe-Augufte. Environ trois cent
ans après, autre aventure à ce Puits :
un jeune homme défefperé par les ri-
gueurs de fa Maitreffe, s'y jetta, mais
avec tant de bonheur qu'il ne fe bleffa
point, & qu'elle eut le temps de lui
faire defcendre une corde, en l'affu-
rant que déformais elle ne lui feroit
plus cruelle. Il voulut marquer fa re-
connoiffance envers ce Puits, & le fit
refaire à neuf. *Sauval* dit que de fon <sup>Tom. 1.
pag. 184.</sup>
temps on lifoit encore fur la Mardelle,
en lettres gothiques & mal gravées :

> L'Amour m'a refait
> En * 525 tout-à-fait.   <sup>* Pour
> 1525.</sup>

L'Auteur des *événemens nocturnes*
prétend qu'un Miffionnaire prêchant à
Saint Jacques de l'Hôpital, s'éleva

N iv

avec tant de force & de zele *contre les rendez-vous qu'on se donnoit tous les soirs à ce Puits ; contre les chansons qu'on y chantoit ; contre les danses lascives qu'on y dansoit ; contre les sermens qu'on s'y fai-soit comme sur un Autel, de s'aimer tou-jours, & contre tout ce qui s'ensuivoit, que les peres & les meres, les dévots & les dé-votes s'y transporterent à l'instant & le comblerent.* Je doute de cette anecdote, attendu qu'il n'est gueres vraisemblable que *Sauval*, qui étoit contemporain, ne l'eut rapportée : il dit seulement, *j'ai vû tirer de l'eau à ce Puits ; je l'ai vû tari ; présentement il est comblé & à demi ruiné.*

Anciennement on appelloit *Tributs*, & par abréviation *Trus*, les impôts qu'on mettoit sur le peuple. *De ce mot* Trus, dit Pasquier, *vint celui de* Truan-*der pour dire gourmander & fouler, parce que ceux qui sont destinés à exiger les tri-buts, sont ordinairement gens fâcheux, qui ont peu de pitié des pauvres fur lefquels ils exercent les Mandemens du Roi.* Il y a toute apparence qu'on donna le nom de *Truanderie* aux rues où les Bureaux de ces Fermiers & Receveurs étoient établis.

RUE (1) TROUSSE-VACHE.

Le Cardinal de Lorraine revenant du Concile de Trente, voulut faire une efpece d'entrée dans Paris, acccompagné de plufieurs gens armés ; le Maréchal de Montmorenci, alors Gouverneur de cette Capitale, lui envoya dire qu'il ne le fouffriroit pas ; le Cardinal répondit avec hauteur & continua fa marche ; Montmorenci le rencontra vis-à vis des Charniers des Innocens, fit main-baffe fur fon efcorte, & fon Eminence fe fauva dans l'arriere-boutique d'un Marchand de cette rue , où elle

De Thou. L. xxxvii

____

(*a*) Ainfi nommée d'une Enfeigne, *à la Vache trouffée*, c'eft-à-dire à la queue relevée.

N y

resta cachée jusqu'à la nuit sous le lit d'une servante.

Ce même Cardinal étant à la tête du Conseil, sous le régne de François II, se trouva importuné du grand nombre d'Officiers estropiés, & de Veuves d'Officiers tués, qui sollicitoient à la Cour quelques petites pensions pour vivre ; il fit publier à son de trompe, *pour se délivrer*, disoit-il, *de ces Men-dians*, que tous ceux qui étoient venus à Fontainebleau pour demander quelque chose, eussent à se retirer dans vingt-quatre heures, sous peine d'être pendus à un Gibet qu'il fit dresser devant le Château. Il mourut dans son lit.

Vie de François de Guise pag. 65.

Rue de Vaugirard.

Hist. de Paris Liv. six. Num. 55.

Sous le regne de François I, le total des loyers de toutes les maisons de Paris ne montoit qu'à la somme de trois cent douze mille livres. Aujourd'hui les Carmes déchaussés, indépendemment du vaste terrein qu'occupent leurs Jardins & leur Couvent , jouissent de près de cent mille livres de rente en loyers de Maisons qu'ils ont fait bâtir dans cette rue & dans les rues adjacentes : ils n'ont commencé à prendre racine en France qu'en 1611 , par une très-petite maison que leur donna un bourgeois nommé *Nicolas Vivian.* Il faut leur rendre justice ; les richesses ne les enorgueillissent pas ; ils continuent toujours d'envoyer des Freres quêter dans les maisons.

M. le Camus , Evêque du Bellay , prétend qu'un seul Ordre de Mendians coute à la Chrétienté *trente-quatre millions d'or* , en ne comptant que cent francs pour les habits & la nourriture de chaque Religieux , *enforte* , dit-il , *que le Prince le plus tyran n'exige pas de fon peuple , pour l'entretien de fon luxe & de fes armées , ce qu'en tirent les Men-*

dians. . . . Vouloir vivre sans travailler, c'est un crime ; c'est un vol continuel qu'on fait à la Nation & aux véritables pauvres.

Plusieurs célebres Docteurs ont soutenu que c'est une chose contraire à la Religion & au bon sens, que de faire profession de pauvreté : que quoique Jesus - Christ ait choisi de vivre dans un état de pauvreté, il ne l'a pourtant point affecté : qu'il n'a jamais demandé l'aumône ni fait profession d'une pauvreté volontaire : qu'il n'a point enseigné que les fideles dussent faire profession de mendier ; qu'aucontraire il a posé pour maxime que les hommes ne doivent jamais demander l'aumône par inclination & par choix, mais seulement quand ils y sont contraints par la nécessité.

Vivez du travail de vos mains ; employez à ce travail, utile à la société, le temps que vous voulez employer à tâcher de vous attirer des legs & des aumónes ; penſez qu'il eſt dit dans la Geneſe que Dieu mit l'homme dans le Paradis terreſtre pour y travailler & le garder : *Tulit ergo Dominus Deus hominem & poſuit eum in Paradiſo voluptatis , ut operaretur & cuſtodiret illum.*

RUE VERDELET.

Le Boucher étoit anciennement un ſurnom glorieux qu'on donnoit à un Général après une victoire , en reconnoiſſance du carnage qu'il avoit fait de trente ou quarante mille hommes. Jean de Montigni , Premier Préſident au Parlement, fut ſurnommé (1) *le Boulanger* en reconnoiſſance des bleds qu'il fit venir à Paris pendant une famine, &

---

(1) Sa famille quitta le nom de *Montigni* pour adopter un ſurnom ſi honorable. Il demeuroit au coin de cette rue & de la rue Plâtriere.

qui conferverent la vie à vingt-cinq ou trente mille perfonnes. *Voilà de ces actions*, dit Mezeray, *dont je voudrois qu'on tâchât d'éternifer la mémoire par des Médailles.* Cet Hiftorien, s'il avoit vêcu de nos jours, auroit eû fatisfaction : la Provence, en 1747, a fait frapper une Médaille pour laiffer à la poftérité un monument des obligations qu'elle avoit à M. Bouret.

Lettre écrite par Meffieurs les Procureurs du pays de Provence à M. Bouret, Fermier Général, le 12 Mai 1747.

MONSIEUR,

» Nous fommes très mortifiés de » vous voir partir fans vous avoir don- » né quelque marque de notre vive re- » connoiffance ; il n'y a que les fenti- » mens de nos cœurs qui puiffent éga- » ler les fervices que la Province **a**

» reçûs de vous, & tout ce que nous
» pourrons faire sera toujours au-des-
» sous de ce que nous vous devons.
» Nous avons cru que le témoignage
» le plus sensible que nous pourrions
» vous donner de nos sentimens, étoit
» de faire graver une Médaille d'or où
» seront d'un côté les armes de la Pro-
» vince avec ces mots : COMITIA PRO-
VINCIÆ , & de l'autre côté on lira :
STEPHANO - MICHAELI BOURET
QUOD JUSSU LUDOVICI XV REGIS
CHRISTIANISSIMI, ET OPE JO. BAPT.
DE MACHAULT GENERALIS ÆRARII
MODERATORIS , PROVINCIAM MA-
XIMA REI FRUMENTARIÆ PENURIA
LABORANTEM , PROVIDENTISSIME
SUSTENTAVIT , HOC GRATI ANIMI
MONUMENTUM PROCURATORES PRO-
VINCIÆ DICANT, CONSECRANT. M.D.
CC. XLVII. » Cela a été ainsi délibe-
» ré dans une de nos assemblées, &
» nous avons donné nos ordres à Paris

» pour faire fraper cette Médaille ; il
» eſt fâcheux pour nous que nous ne
» puiſſions pas vous la préſenter avant
» votre départ ; nous comptons que dès
» qu'elle ſera achevée, vous voudrez
» bien la recevoir comme une marque
» de la reconnoiſſance du Corps de la
» Province, & du reſpectueux attache-
» ment avec lequel nous ſommes,

MONSIEUR,

Vos très humbles & très-
obéiſſans Serviteurs. LE
MARQUIS DE PIERRE-
FEU, JULIEN, THOMAS-
SIN, LA GARDE, MI-
CHEL POMIERS, Conſuls
& Aſſeſſeurs d'Aix, Pro-
cureurs du Pays.

RUE DE LA VERRERIE.

Les Ordonnances de Charlemagne,
de S. Louis, de Charles IV, & de
Charles V contre les Jeux défendus,

font mention des Dez & du Trictrac, & ne parlent point des Cartes : c'eſt une preuve qu'elles n'ont été connues que poſtérieurement à ces Ordonnances. Un Peintre qui demeuroit dans cette rue, nommé Jacquemin Gringonneur, les inventa en 1392, pour amuſer Charles VI pendant les intervales de ſa maladie. On lit dans un compte de Charles Poupart, * Argentier de ce Prince, *donné à Jacquemin Gringonneur, Peintre, pour trois jeux de cartes à or & à diverſes couleurs, de pluſieurs deviſes, pour porter devers ledit Seigneur Roi, pour ſon ébatement, cinquante-ſix ſols pariſis.*

* Surintendant des Finances.

Regiſtre de la Chambre des Comptes.

On joue, dit M. de Crouſaz, pour ſe débaraſſer de la converſation des ſots : il y a donc bien des ſots ! Il y a auſſi bien des excommuniés : le Concile de Mayence, tenu en 813, ſépare de la Communion des Fideles les Eccléſiaſtiques & les Laïques qui joueront aux jeux de hazard.

Conc. Maꝯ. Can. 14.

L'avidité du gain nous a rendus plus
polis que nos ancêtres ; ils ne jouoient
point fur parole, & lorfqu'on n'avoit
pas d'argent pour payer à la fin du jeu,
on étoit obligé de donner des nantiffe-
mens pour la fomme qu'on devoit. *En*

Hift. de
Philippe de
Bourgogne
T. 1. p. 94.

1368, le Duc de Bourgogne, dit le La-
boureur, ayant perdu foixante francs à la
paume contre le Duc de Bourbon, Meffire
Guillaume de Lyon & Meffire Guy de la
Trimouille, leur laiffa, faute d'argent, fa
ceinture ; laquelle il donna encore depuis
en gage au Comte d'Eu pour quatre-vingt
francs par lui perdus au même jeu.

Théâtre
François.
T. xi. pag.
475.

En 1676, on repréfenta fur le Théâtre de l'Hôtel de Guenegaud, une Comédie de Thomas Corneille, en cinq
Actes, intitulée *le triomphe des Dames,*
qui n'a point été imprimée, & dont *le*
Ballet du Jeu du Piquet étoit un des In-
termedes. Les quatre Valets parurent
d'abord avec leurs hallebardes pour
faire faire place ; enfuite les Rois ar-

:riverent fucceffivement , donnant la main aux Dames dont la queue étoit portée par quatre Efclaves : le premier de ces Efclaves repréfentoit la Paume ; le fecond , le Billard ; le troifiéme , les Dez ; le quatriéme , le Trictrac. Les Rois , les Dames & les Valets , après avoir formé par leurs danfes des tierces & des quatorzes , après s'être rangés tous les noirs d'un côté & les rouges de l'autre , finirent par une contre-danfe où toutes les couleurs étoient mêlées confufément & fans fuite.

Je crois que cet Interméde n'étoit pas nouveau , & qu'il n'étoit que l'ef-quiffe d'un grand Ballet exécuté à la Cour de Charles VII , & fur lequel on eut l'idée du Jeu du Piquet, qui cer-tainement ne fut imaginé que vers la fin du regne de ce Prince. Combien de perfonnes jouent tous les jours à ce jeu fans en connoître tout le profond mé-rite ! Une differtation que je crois du

Mémoires pour l'Hist. des Sciences & des Beaux Arts. ann. 1720.

P. Daniel, prouve qu'il eſt ſymbolique, allégorique, politique, hiſtorique, & qu'il renferme des maximes très importantes ſur la guerre & le gouvernement. *As* eſt un mot latin qui ſignifie *une piece de monnoye, du bien, des richeſſes.* Les *As* au piquet ont la primauté, même ſur les Rois, pour marquer que l'argent eſt le nerf de la guerre, & que lorſqu'un Roi n'en a pas, ſa puiſſance eſt bien foible. Le *Treffle*, herbe ſi commune dans les prairies, ſignifie qu'un Général ne doit jamais camper ſon armée en des lieux où le fourage peut lui manquer, & où il ſeroit difficile d'en tranſporter. Les *Piques* & les *Carreaux* déſignent les magaſins d'armes qui doivent être toujours bien fournis : les *Carreaux* étoient des eſpeces de fléches fortes & peſantes qu'on tiroit avec l'arbalête, & qu'on nommoit ainſi parce que le fer en étoit quarré. Les *Cœurs* repréſentent le cou-

rage des Chefs & des Soldats : David,
Alexandre, César & Charlemagne font
à la tête des quatre Quadrilles ou couleurs du Piquet , pour fignifier que
quelques nombreufes & quelques braves que foient les troupes , elles ont
befoin de Généraux auffi prudens que
courageux & expérimentés.

Quand on fe trouve dans une pofition fâcheufe , dans un camp défavanta-
geux , & dans l'impuiffance de difputer la victoire , il faut tâcher que la
perte que l'on va faire foit la plus petite qu'il fera poffible ; c'eft ce qui fe
pratique au Piquet : fi le fond de notre
jeu eft mauvais, fi les as , les quintes
& les quatorzes font contre nous , il
faut fe précautionner en tâchant d'avoir
le point pour prévenir le pic & le re-
pic ; il faut donner des gardes aux
Rois & aux Dames pour éviter le
capot.

Sur les cartes des quatre Valets, on

lit les noms d'*Ogier*, de *Lancelot*, deux preux du temps de Charlemagne : de (1) *la Hire* & * d'*Hector* , deux Capitaines de distinction sous le regne de Charles VII. Le titre de *Varlet* étoit anciennement honnorable , & les plus grands Seigneurs le portoient jusqu'à ce qu'ils eussent été faits *Chevaliers* : les quatre Valets au Piquet représentent donc la Noblesse , comme les dix, les neufs , les huits & les septs désignent les soldats.

* Hector de Galard.

---

(1) Pendant que les Anglois étoient les maîtres de Paris & de la moitié de la France , on prétend que la Hire à qui Charles VII montroit les aprêts d'un Ballet & demandoit ce qu'il en pensoit , lui répondit, *ma foi, Sire , je pense qu'on ne sçauroit perdre plus gaiement un Royaume.* On rapporte de ce même la Hire que prêt à fondre sur l'ennemi , il se mettoit à genoux , les mains jointes & faisoit cette priere : *Dieu , je te prie que tu fusses aujourd'hui pour la Hire autant que tu voudrois que la Hire fît pour toi , s'il étoit Dieu & que tu fusses la Hire.* Il croyoit avoir bien dévotement prié.

L'anagrame d'*Argine* , nom de la Dame de Treffle, eſt *Regina* : c'étoit la Reine , Marie d'Anjou , femme de Charles VII. La belle *Rachel* , Dame de Carreau , c'étoit *Agnès* Sorel. La Pucelle d'Orléans étoit repréſentée par la chaſte & guerriere *Pallas*, Dame de Pique , & Iſabeau de Baviere par *Judith* , Dame de Cœur : ce n'eſt pas la Judith de l'Ancien Teſtament , mais l'Impératrice Judith , femme de Louis le Débonnaire , qu'on avoit accuſée d'être très galante , qui cauſa tant de troubles dans l'Etat, & dont la vie par conſéquent avoit beaucoup de raport avec celle d'Iſabeau de Baviere.

Il eſt aiſé de reconnoître Charles VII ſous le nom de *David* donné au Roi de pique. David après avoir été long-temps perſécuté par Saül ſon beau-pere, parvint à la Couronne de Judée , mais au milieu de ſes proſpérités il eut le chagrin de voir ſon fils Abſalon ſe révolter contre lui : Charles VII après avoir été déshérité & proscrit par Charles VI son pere, reconquît glorieusement son Royaume, mais les dernieres années de sa vie furent troublées par l'esprit inquiet & le mauvais caractere de son fils (depuis Louis XI) qui osa lui faire la guerre, & qui fut même la cause de sa mort.

On voit qu'un jeu de cartes, à la faveur d'un commentaire, peut s'attirer autant de considération que bien des Auteurs Grecs & Latins.

Rue des Vieilles Étuves.

L'usage des Étuves étoit anciennement aussi commun en France, même parmi le peuple, qu'il l'est & l'a toujours été dans la Grece & dans l'Asie ; on y alloit presque tous les jours. Saint Rigobert fit bâtir des bains pour les Chanoines de son Eglise, & leur fournissoit le bois pour chauffer l'eau. Grégoire

Bollandus. Tom. 1. Januarii. p. 175.

goire de Tours parle de Religieuſes Greg. Tur.
qui avoient quitté leur Couvent, parce hiſt. L. 12.
qu'on s'y comportoit dans le bain avec cap. 10.
peu de modeſtie. Le Pape, Adrien I,
recommanda au Clergé de chaque Paroiſſe d'aller ſe baigner proceſſionnel-
lement tous les Jeudis, en chantant des
Pſeaumes.

Il paroît que les perſonnes que l'on
prioit à dîner ou à ſouper, étoient en
même-temps invitées à ſe baigner : *Le
Roi & la Reine*, dit la Chronique de
Louis XI, *firent de grandes cheres dans
pluſieurs Hôtels de leurs Serviteurs & Officiers de Paris ; entr'autres, le dixiéme de
Septembre mil quatre cent ſoixante-ſept, la
Reine accompagnée de Madame de Bourbon, de Mademoiſelle Bonne de Savoye ſa
ſœur & de pluſieurs autres Dames, ſoupa
en l'Hôtel de Maître Jean Dauvet, Premier Préſident en Parlement, où elles furent reçues & feſtoyées très-noblement, &
on y fit quatre beaux Bains, richement*

ornés , croyant que la Reine s'y baigneroit , ce qu'elle ne fit pas , se sentant un peu mal disposée , & aussi parce que le temps étoit dangereux ; & en l'un desdits Bains se baignerent Madame de Bourbon & Mademoiselle de Savoye, & dans l'autre Bain , à côté , se baignerent Madame de Monglat & Perrette de Châlon bourgeoise de Paris… Le mois suivant , le Roi soupa à l'Hôtel du Sire Denis Hesselin , son Panetier , où il fit grande chere, & y trouva trois beaux Bains, richement tendus, pour y prendre son plaisir de se baigner ; ce qu'il ne fit parce qu'il étoit enrhumé , & qu'aussi le temps étoit dangereux.

La cérémonie du Bain étoit une de celles qu'on observoit le plus exacte-ment à la réception d'un Chevalier. " Quand un *Ecuyer* viendra à la Cour " pour recevoir l'Ordre de Chevale-" rie , il sera très-noblement reçu par " les Officiers de la Cour…. Deux " *Ecuyers d'honneur* , sages & bien ins-

Glossaire de Ducange. T. 2. P. 357.

» truits en courtoifies & nourritures &
» au fait de la Chevalerie, feront char-
» gés de tout ce qui regardera *ledit*
» *Ecuyer*.... Ils enverront chercher le
» barbier, & accommoderont un Bain
» avec de la toile en dedans & en de-
» hors de la cuve ; & la barbe & les
» cheveux de l'*Ecuyer* feront faits &
» coupés en rond.... Le Roi com-
» mandera à fon Chambellan de mener
» dans la Chambre de l'*Ecuyer* les plus
» gentils & les plus fages Chevaliers
» qui feront préfens, pour qu'ils lui en-
» feignent l'ordre & le fait de la Che-
» valerie;& les Meneftriers marcheront
» devant lefdits Chevaliers, chantant,
» danfant & s'ébatant jufqu'à la porte
» de la chambre dudit *Ecuyer* ; & quand
» les *Ecuyers d'honneur* entendront les
» Meneftriers, ils dépouilleront l'*E-*
» *cuyer* & le mettront tout nud dans le
» bain.... & le premier des Chevaliers
» s'agenouillera pardevant la cuve en

» lui difant en fecret , Sire , à grand
» honneur eft pour vous ce Bain , &
» puis lui enfeignera le fait de la Che-
» valerie le mieux qu'il pourra ; enfuite
» il lui mettra de l'eau du Bain fur l'é-
» paule , & feront de même l'un après
» l'autre , les autres Chevaliers.

Charles VI voulant faire *Chevaliers*
Louis & Charles d'Anjou , ces deux
Princes , dit la Chronique , parurent
d'abord comme de fimples *Ecuyers* ,
n'étant vêtus que d'une longue tunique
de drap gris-brun fans aucun ornement. On les mena dans la chambre où
leurs Bains étoient préparés ; *ils s'y plon-*
gerent ; on leur donna enfuite l'habit
de *Chevalier* , de foye * vermeille ,
fourré de ** *menu-vair* , la robbe traî-
nante , avec le manteau fait en maniere
de chappe. Après le fouper , on les
conduifit à l'Eglife pour y paffer la nuit
en prieres , felon la coutume. Le lendemain matin le Roi revêtu du manteau

* Cramoifi.

** Petit-
gris.

Royal , entra dans l'Eglise précédé de deux Ecuyers qui portoient deux épées nues, la garde en haut, d'où pendoient deux paires d'éperons d'or. Après la Messe qui fut célébrée par l'Evêque d'Auxerre , les deux jeunes Princes se mirent à genoux devant le Roi ; il leur donna l'accolade & leur ceignit le baudrier de Chevalerie ; le Sire de Chauvigni leur chauffa les éperons , & l'Evêque leur donna sa bénédiction.

Pendant le repas , dit une ancienne Ordonnance , *le nouveau Chevalier ne mangera ni ne boira ni ne se remuera ni ne regardera çà & là , non plus qu'une nouvelle mariée.*

Il y avoit en Angleterre un Ordre de Chevaliers des Bains : le nouveau Chevalier , le jour de sa reception , dinoit avec le Roi : lorsqu'on sortoit de table , le chef de cuisine entroit & lui montrant son grand couteau , le menaçoit de lui couper ignominieusement

les éperons , s'il n'étoit pas fidele au
ferment qu'il venoit de faire.

RUE VIVIENNE.

En 1628 , un jardinier fouillant la
terre pour déraciner un arbre dans l'endroit où fe tient aujourd'hui *la Bourfe* ,
y trouva neuf cuiraffes qui avoient été
faites pour des femmes : on n'en pouvoit pas douter à la façon dont elles
étoient relevées en boffe & arondies
fur l'un & l'autre côté de l'eftomac.
Quelles étoient ces Héroines & dans
quel fiécle vivoient-elles ? c'eft ce que
je n'ai pû découvrir ; j'ai feulement
Hift. de trouvé dans Mezeray , année 1147 , à
France. T. l'article de la Croifade prêchée par
2. p. 98. S. Bernard , *que plufieurs femmes ne fe*
contenterent pas de prendre la croix , mais
qu'elles prirent auffi les armes pour la dé-
fendre & compoferent des efcadrons de leur
fexe , rendant croyable tout ce qu'on a dit
des proueffes des Amazones.

Les François, lorſqu'ils conquirent
les Gaules, n'avoient pour toute arme
deffenſive que le bouclier. *La ſupé-*
riorité du nombre peut les accabler , mais
ne les étonne jamais , dit Sidonius Apol-
linaris ; *le fier courage qui les animoit , eſt*
encore peint ſur leur front , même après la
mort .... leurs habits ſont courts & leur
errent la taille , ajoute-t-il *; ils vont au*
combat la tête nue , & la viteſſe avec la-
quelle ils fondent ſur l'ennemi , ſemble éga-
ler celle du javelot qu'ils ont lancé. Ce ne
fut que ſous le regne des fils de Clovis qu'ils s'accoutumerent à porter le
caſque & la cuiraſſe , comme les Romains & les Gaulois qu'ils avoient
ſubjugués. Les Seigneurs de certains
fiefs ſous la ſeconde race , & tous les
Chevaliers ſous la troiſiéme , portoient un plaſtron de fer ; ſur ce plaſ-
ſtron le (1) *gobiſſon* ; ſur le gobiſſon

Sidon.
Apollinar.
paneg.

____

(1) Le *gobiſſon* ou *gambeſon* , eſpéce de pourpoint de taffetas rembourré de laine , & piqué ;

O iv

le (1) *haubert*, & fur le haubert la (2) *cotte d'armes*. Je ne fçais pas fi ce *harnois* étoit plus pefant & plus incommode, comme le prétend le P. Daniel, que l'armure complette de fer qui commença d'être en ufage fous le regne de Philippe le Bel, & (3) qui couvroit

il fervoit à rompre l'effort du coup de lance qui fans percer le haubert, auroit pu faire des contufions.

(1) Le *haubert* ou la *jacque de mailles*, tunique faite de petits anneaux de fer, à laquelle on accrochoit les chauffes qui étoient auffi faites de pareils anneaux & qui couvroient la jambe. Le *heaulme* garantiffoit la tête, le vifage & le chignon du cou On appelloit *vifiere du haulme* une petite grille qu'on pouvoit relever pendant le combat pour prendre l'air. Dans les Tournois, les épées étoient larges de quatre doigts, afin qu'elles ne puffent pas paffer à travers les trous de cette grille.

(2) La *cotte d'armes* étoit du drap le plus fin, & quelquefois d'étoffe d'or ou d'argent ; on y mettoit fes armoiries ; elle étoit faite comme la foubrevefte des Moufquetaires.

(3) En 1638, M. Defnoyers, Sécrétaire d'Etat, écrivit au Maréchal de Châtillon : » Le Roi defire que vous faffiez diftribuer, par

l'homme d'armes depuis la tête jufqu'aux pieds ; mais je crois qu'en fe
rendant prefque invulnérable par l'une
& l'autre façon de s'armer , on s'expo-
foit en même temps à une mort cruelle,
par la difficulté de fe relever lorfqu'on
étoit renverfé de cheval : il paroît qu'a-
lors on fe tuoit moins qu'on ne s'affom-
moit. *Nous avions* , dit Philippe de Co-
mines en parlant de la bataille de For-
nouë , *grande fequelle de * valets & de*
ferviteurs qui tous étoient à l'environ de ces
hommes d'armes Italiens & en tuerent
la plûpart ; prefque tous ces valets
avoient haches à couper bois , dont ils

* Fantaffins qui accompagnoient l'homme d'armes.

›› Meffieurs les Intendans , à la Cavalerie Fran-
›› çoife , les armures qui font à Montreuil , &
›› que vous obligiez les Cavaliers à les porter
›› fous peine d'être dégradés de Nobleffe C'eft
›› à vous, Monfieur , & à M. le Maréchal de la
›› Force, à leur faire connoître combien il im-
›› porte à l'Etat & à leur propre confervation ,
›› de n'aller pas tous les jours combattre , en
›› pourpoint , des ennemis armés depuis les
›› pieds jufqu'à la tête.

rompoient les *visieres des armets & leur en donnoient de grands coups sur la tête* ; *car ces hommes d'armes étoient bien malaisés à tuer, tant étoient fort àrmés, & ne vis tuer nul où il n'y eut trois ou quatre hommes à l'environ.* Quel horrible droit de la guerre ! *Hélas, dit Charron, on choisit les ténébres, on se cache, on ne se livre qu'à la dérobée au plaisir de produire son semblable ; au lieu qu'on le détruit, en plein jour, en sonnant la trompette, en remplissant l'air de fanfares. Il n'est pas honnête,* ajoute-t-il, *de s'entretenir de certaines choses, tandis qu'on parle avec orgueil d'un sabre & d'une pique ; ce qui sert à tuer l'homme, est une marque de Noblesse ; on dore, on enrichit une épée, on s'en pare....*

Le Philosophe Charron, répond gravement un Critique, voudroit-il donc qu'on étalât publiquement & qu'on ornât de rubans & de perles ce que l'on doit cacher ?

Rue de l'Université.

Ainsi nommée parce qu'elle eſt bâtie ſur un fond appartenant à l'Univerſité & qu'on appelloit * *Le Pré aux Clercs.* Anciennement l'Univerſité étoit très-puiſſante dans l'Etat ; dès qu'il lui ſembloit qu'on donnoit quelque atteinte à ſes Priviléges, elle fermoit ſes Ecoles ; les Prédicateurs devenant tout à coup enrhumés, ceſſoient de prêcher, & les Médecins abandonnoient leurs malades. Le peuple ſe plaignoit & crioit ; la Cour étoit obligée de céder & de ſatisfaire l'Univerſité.

* Voyez p. 54. de ce premier Volume.

Rue Zacharie.

Il n'y a pas longtems qu'on voyoit encore ſur la porte de la maiſon qui fait le coin de cette rue & de la rue S. Severin, une pierre de deux pieds en quarré où l'on avoit gravé différentes figures ; les principales étoient celles

d'un homme renversé de cheval , &
d'un autre à qui une Dame mettoit fur
la tête un (1) *chapeau de rofes.* On lifoit
au haut ces mots , *au vaillant Clary* &
au bas , *en dépit de l'envie.* C'étoit un
monument que la fœur de Guillaume
Fouquet, Ecuyer de la Reine Ifabeau
de Baviere , ofa faire mettre fur fa maifon , à la gloire du Sire de Clary , fon
parent, dans le temps que la Cour irritée du combat de ce brave homme
contre Courtenay , le pourfuivoit &
vouloit le faire périr fur un échauf-
faut. Pierre de Courtenay , Chevalier
Anglois & Favori de fon maître ,
étoit venu à Paris pour défier à la lance & à l'épée, Guy de la Trimouille,
Porte - Oriflamme , uniquement parce
que la Trimouille paffoit pour un des
hommes de France des plus braves &
des plus adroits. Lorfqu'ils eurent rompu

____

(1) C'étoit le prix que *le fervant d'amour
recevoit de fa très-honorée Dame , dont les blan-
ches mains le pofoient fur fon chef.*

pluſieurs lances l'un contre l'autre, en préſence de toute la Cour, le Roi ne vou-lut pas permettre qu'ils ſe battiſſent *à l'épée,* puiſqu'il n'y avoit entr'eux qu'une émulation de gloire, & qu'aucun ſujet de querelle ne leur avoit mis les armes à la main. Courtenay, en s'en retour-nant, paſſa chez la Comteſſe de S. Pol, ſœur du Roi d'Angleterre ; il y répéta pluſieurs fois qu'aucun François n'a-voit oſé *s'éprouver* contre lui. *Le Sire de Clary,* dit la Chronique de S. Denis, *crut qu'il étoit de ſon honneur de faire ſa querelle de l'injure que ce bravache faiſoit à ſa Nation & lui propoſa, du conſentement même de la Comteſſe, le* Le Laboureur. L. 5. p. 111. *champ clos pour le lendemain, & s'y porta ſi vaillamment qu'il le mit hors de combat tout chargé de coups. Il n'y a per-ſonne,* ajoute l'Auteur de la Chronique, *qui n'eſtime cette action digne d'un par-fait Chevalier,& qui ne demeure d'accord qu'il châtia juſtement l'orgueil de cet*

Anglois ; mais les jugemens de la Cour ne s'accordent pas toujours avec le mérite des perſonnes, & il y a des intérêts particuliers qui en décident tout autrement que le Public. Le Duc de Bourgogne qui envioit au Sire de Clary la gloire qu'il avoit enlevée à la Trimouille, ſon favori, changea l'eſpece de l'affaire ; il dit que c'étoit un crime impardonnable à * Se battre. *un particulier d'avoir oſé* * *prendre une journée ſans permiſſion du Roi, & le fit pourſuivre avec tant de rigueur que ce brave Chevalier fut longtemps en peine, & je l'ai vû chercher ſa ſûreté tantôt de çà tantôt de-là, de crainte que ce qu'il n'avoit entrepris que pour la gloire de l'Etat, ne fut expié dans ſon ſang comme s'il eut trahi la Patrie.*

Il eſt bien ſingulier que les hommes de ce temps-là, qui prenoient tant de précautions contre la mort en ſe revêtiſſant de fer depuis la tête juſqu'aux pieds, couruſſent le monde pour chercher querelle & se battre sans sujet, comme la Trimouille & Courtenay. A l'égard du choix qu'on faisoit d'une *Dame* à qui, comme à l'Etre suprême, on rapportoit tous ses sentimens, toutes ses pensées & toutes ses actions, je suis étonné qu'aucun Auteur n'ait remarqué l'origine de cette galante dévotion dans les *mœurs des Germains*, nos ancêtres, par Tacite ; *ils croyent*, dit-il, *qu'il y a quelque chose de divin dans les femmes.* *c. 8.*

Il paroit que la formule des cartels de l'ancienne Chevalerie, subsistoit encore du temps de Henri IV. Le fameux Comte d'Essex, qui commandoit les Troupes que la Reine Elisabeth avoit envoyées à ce Prince en 1591, écrivit à l'Amiral André de Villars-Brancas, *si voulez combattre vous même à cheval ou à pied, je maintiendrai que la querelle du Roi est plus juste que celle de la Ligue ; que je suis meilleur que vous &* *Chron. nov.* *que ma Maîtresse est plus belle que la* vôtre. Que si vous refusez de vous battre seul, j'en menerai vingt avec moi, le pire desquels sera une partie digne d'un Colonel, ou soixante, le moindre étant Capitaine. L'Amiral lui répondit, à l'égard de la conclusion de votre lettre par laquelle vous voulez maintenir que vous êtes meilleur que moi, je vous dirai que vous en avez menti, & mentirez toutes les fois que vous voudrez le maintenir, aussi bien que vous mentirez, lorsque vous voudrez dire que la querelle que je soutiens pour la défense de ma Religion, ne soit pas meilleure que celle de ceux qui s'efforcent de la détruire ; & quant à la comparaison de votre Maîtresse à la mienne, je veux croire que vous n'êtes pas plus véritable en cet article qu'aux deux autres ; toutefois ce n'est pas chose qui me travaille fort pour le présent. Ce deffi n'eût pas de suites.

Mezeray.
t. 3. p. 990.

Fin du premier Volume.

CATALOGUE

De Livres nouveaux ou nouvellement imprimés,
pendant les années 1758 & 1759.

L'Année politique, contenant l'état préfent de
l'Europe, fes guerres, fes révolutions, &c. &
généralement tout ce qui intéreffe la politique des
Gouvernemens, & les Intérêts des Princes, pour fervir à l'hiftoire de 1753, ouvrage périodique : il paroît un volume tous les fix mois. Chaque volume
fe vend   2 l. 10 f.

Abrégé Chronologique de l'Hiftoire d'Efpagne, depuis
la fondation jufqu'à préfent, *in-12* 5 vol.   12 l. 10 f.

Bibliotheque des jeunes Négocians, applicable fur tous
les fujets du Commerce, *in-4°.* 2 vol.   24 l.

La Capitale des Gaules ou la Nouvelle Babilone, par
M. de Montbron,   15 f.

Collection Hiftorique, contenant l'expédition du Pré-
tendant en Ecoffe, les Siéges de Pondicheri & de
Madras, *in-12.* avec les planches.   2 l. 10 f.

Confeil d'un vieux Auteur à un jeune, ou l'art de par-
venir dans la République des Lettres,   1 l. 4 f.

Débats en Parlement d'Angleterre au fujet des affaires
de l'Europe, où l'on voit les differentes opinions des
Lords pour continuer la guerre, ou faire la paix, 1 l. 4 f.

Dictionnaire abrégé des Cas de Confcience, par Pontas,
deux volumes portatifs, *in-8°.*   10 l.

Dictionnaire de Richelet, 3 vol. *in-fol.*   72 l.

Dictionnaire Militaire, 3 vol. *in-8.*   15 l.

Le Supplément au Diction. Généalogique, *fous preffe.*

Difcours fur une nouvelle maniere d'enfeigner & d'apprendre la Géographie d'après une fuite d'opérations
Typographiques, *in-12*   2 l. 10.

Les hommes tels qu'ils font & devroient être, ouvrage
de fentiment,   2 l.

Epitre à l'Amitié,   12 f.

Effais hiftoriques fur Paris, nouvelle Edition, confidérablement augmentée, dans laquelle on a refondu les
cinq Parties de cet ouvrage qui ont paru féparément,
in-12, 3 vol.   7 l. 10 f.

*

La cinquiéme Partie se vend séparément pour comple-
ter es quatre premie es Parties ,   1 l. 10 s.
Esprit de l'Abbé des Fontaines, contenant les Jugemens
sur quelques Ouvrages tant anciens que modernes ,
par M. l'Abbé de la Porte , in-12 , 4 vol.   12 l.
La France Littéraire , contenant le nom & les ouvrages
des Auteurs & Artistes vivans actuellement en France,
brochée ,   3 l.
Histoire des Conjurations , Conspirations & révolutions
célebres de l'Univers , in-12 , 8 vol.   20 l.
    Les deux volumes suivans sont sous presse.
Heroide, Renaud à Armide , par M. Colardeau ,   12 s.
Histoire du Vicomte de Turenne , par l'Abbé Raguenet,
    2 Parties ,   2 l.
Histoire des Grecs , ou de ceux qui sçavent corriger la
    fortune au jeu , in-12.
Histoire de la République de Venise depuis sa fondation
    jusqu'à présent , par l'Abbé Laugier , 3 vol. in-12 ,
    7 l. 10 s. la suite est sous presse.
Lettres d'Aspasie , traduites du Grec , par M. l'Abbé
    de Mehegan ,   2 l. 10 s.
Lettres Parisiennes , sur le desir d'être heureux , deux
    Parties ,   3 l.
Lettre du Chevalier Goudard , sur une nouvelle charue
    à semer ,   12 s.
Lettre sur un voyage en Espagne , où on décrit les
    mœurs & usages des peuples des provinces méridio-
    nales de l'Espagne , in-12.   2 l. 10 s.
Les Livres à la Mode , l'un imprimé en verd , & l'autre
    en couleur de rose ,   2 l. 8 s.
Lettre de M. d'Alambert à M. Rousseau.
Memoires sur l'ancienne Chevalerie, considerée comme
    un établissement politique & militaire , par M. de la
    Curne de Sainte-Palaye , 2 vol.   5 l.
Magazin des Enfans , ou Dialogue d'une sage Gouver-
    nante avec ses Eleves de la premiere distinction , 4
    Parties , reliées en 2 vol.   5 l.
Madrigaux de M. de la Sablicre , nouvelle édition rouge
    & noir ,   2 l.
Nouvelle Histoire d'Angleterre , 5 vol. sous presse.
Œuvres de M. d'Alembert , 4 vol. in-12.   10 l.

La réponse du même à la Lettre de J. J. Rousseau sur les Spectacles , *in-8°.*   4 l.

Le Passe-tems poétique, historique & critique, ouvrage de Mrs de Malherbe, Perrault & de la Martiniere, 2 vol. *in-12.*   5 l.

Poésies de M. l'Abbé de l'Attaignant , qui ont paru sous le titre de *Piéces dérobées à un Ami* , avec les airs notés , *in-12.* 4 vol.   12 l.

Les Cantiques notés du même Auteur se vendent séparément pour la commodité des personnes pieuses , 1 l. 4 f.

Rêveries de M. de Saxe , *in-12.* édition très-commode ,   2 l. 10 f.

Traité des Maladies des femmes, traduit du Latin de M. Fizerand , *in-12.*   2 l. 10.

Le véritable Mentor , ou l'Education de la Noblesse , par le Marquis de Caraccioli ,   2 l. 10 f.

Vie des plus illustres Philosophes de l'antiquité , 3 vol. & figures ,   9 l.

Catalogue des Théâtres nouveaux ou nouvellement réimprimés.

Œuvres de Piron , 3 vol. *in-12* , belles figures , dont les desseins sont de M. Cochin ,   9 l.

Œuvres de Boissi , *in-8°.* 9 vol. nouv édit.   36 l.

De Marivaux, Théatre François & Ital. *in-12.* 5 vol. 15 l.

Théatre édifiant, ou Trag. saintes de M. Duché , 2 l. 10 f.

Théatre de Fagan , *in-12.* 4 vol.   10 l.

Théatre de la Grange , *in-8.*   3 l. 10 f.

Théatre de la Grange Chancel , 5 vol.   10 l.

Théatre de Romagnesi & Riccoboni, 1 vol. *in-8.* 4 l. 10 f.

Théatre d'Avise , *in-8.* 1 vol.   3 l. 10 f.

Théatre de Gayot de Merville , *in-8.* 1 vol.   4 l. 10 f.

Théatre de Pesselier , *in-8.* 1 vol.   4 l. 10 f.

Nouveau Théâtre de Favart , avec toute la Musique , 5 vol. *in-8.*   25 l.

Œuvres de Vadé , ou Recueil de ses Opera Comiques & Parodies, avec les airs notés , 4 vol. *in-8.*   20 l.

Nouveau Théatre de la Foire ou Recueil de Piéces qui ont été représentées sur le Théatre de l'Opera Comique depuis son rétablissement , 4 vol. *in-8.* avec les airs notés ,   20 l.

Nouveau Théâtre François & Italien , ou Recueil des meilleures Pieces de differens Auteurs, repréfentées depuis quelques années, 4 vol. *in*-8. 20 l.

Choix de nouvelles Pieces qui ont été repréfentées aux Théâtres François & Italien depuis quelques années, 6 vol. *in*-12. 18 l.

Le Théâtre d'Apoftolo Zeno , traduit de l'Italien , 2 vol. *in*-12. 5 l.

Théâtre de Campagne , ou les Débauches de l'Efprit , 1 vol. *in*-8. 4 l. 10 f.

Pieces de Théâtre imprimées en 1758 & 1759.

Iphigénie en Tauride , Tragédie.
La Méchanceté , Comédie.
Hypermneftre , Tragédie.
Parodie d'Hypermneftre, ou les Maris battus.
L'Ifle déferte , Comédie.
La Grondeufe , Comédie.
Fernand Cortès , Tragédie.
La Répétition interrompue , Opera Comique.
La Fille mal gardée , Parodie.
La Soirée des Boulevards & la Mufique.
La Sybille , Parodie.
Le Magazin des Modernes , Parodie.
La Parodie au Parnaffe , Opera Comique.
Petrine , Parodie.
Cendrillon , Opera Comique.
Le Medecin d'amour , Opera Comique.
La Mufique du Medecin d'amour.
L'heureux Déguifement , Opera Comique.
La Mufique de l'heureux Déguifement.
Le Docteur Sangrado , Opera Comique.
La Canadienne , Comédie.
Gilles Garçon Peintre , Opera Comique.
Les Enforcelés , ou Jeannot & Jeannette , Parodie.
Baftien & Baftienne , Parodie.
Ninette à la Cour, Comédie, avec la Mufique en 4 Part.
Blaife favetier , Opera Comique.
Les Spectacles de Paris ; la huitiéme Partie pour 1759.